**Feuersturm**
**Der Bombenkrieg gegen Deutschland**

# Christoph Kucklick

## Feuersturm
## Der Bombenkrieg gegen Deutschland

GEO

Ellert & Richter Verlag

# Inhalt

# Vorwort

Gedenktage, so sie nicht zum entleerten Ritual geworden sind, aktivieren Gedächtnis; das ist ihr Sinn. Und gelten sie einem Ereignis, das Generationen zurückliegt, so taugen sie sogar dazu, einen wichtigen Erstkontakt zur Geschichte herzustellen. Spätestens wenn man von 26jährigen Studenten erfährt, daß sie erst aus den großen Zeitschriften-Serien zum 50. Jahrestag des 17. Juni 1953 erfahren haben, daß dies kein Tag wie jeder andere war, beginnt man den Wert von Jubiläen zu würdigen.

Und die Verwüstung deutscher Städte, jener Feuersturm etwa, der mit der „Operation Gomorrha" am 28. Juli 1943 über Hamburg kam – 60 Jahre vorbei, ein wichtiges Datum gleichwohl?

Bereits mit Jörg Friedrichs vieldiskutiertem Buch „Der Brand" hat unzweifelhaft eine neue Etappe des Erinnerns begonnen; eine neue Phase des Gedenkens an jene Hunderttausende ziviler Opfer der alliierten Bombenangriffe, die zwischen 1940 und 1945 Hunderte deutscher Groß- und Kleinstädte zerstörten. Ob die Jahrestage der Verwüstung ohne dieses Buch anders, stiller oder womöglich gar nicht begangen würden, ist nur die eine Frage, wichtiger an diesem Werk ist die Debatte auf heiklem Gelände, die es ausgelöst hat. Eine weitgehend vernünftige Debatte, und doch auch eine mit Spuren einer merkwürdigen Mythenbildung.

Christoph Kucklicks nun vorliegendes Buch reflektiert die mit den Ereignissen von damals verbundene zentrale These noch einmal von jener Warte, welche die Reaktionen auf Friedrichs Buch bereits einschließt: Das absichtsvolle Bombardement ziviler Strukturen zur Niederringung des Nazi-Regimes war Terror, war Massaker, verstieß gegen ein – allerdings porös formuliertes – Kriegsvölkerrecht. Darin sind sich so gut wie alle von Kucklick herangezogenen Historiker einig. Und einig auch darin, daß dies Jahrzehnte danach gesagt werden muß – ohne daß es auch nur in Ansätzen instrumentalisiert werden darf für eine Relativierung der deutschen Schuld am Zweiten Weltkrieg.

Für eine Relativierung der Tatsache, daß, wie es pars pro toto der Gewaltforscher Wolfgang Sofsky noch einmal betont hat, „bereits der deutsche Vernichtungsfeldzug im Osten die Demarkationslinie zwischen Krieg und Verbrechen tilgte". Und nicht erst der. Widerwärtigste Demütigung, schäbigste Erniedrigung, brutalste Gemeinheit: Sie brachen sich in Deutschland eben schon 1933 Bahn; gegen die jüdische Bevölkerung, gegen alle Antifaschisten, gegen Demokraten.

Aber war es legitim, gab es keine Alternative dazu, das Hitler-Regime mit dessen Methoden zu bekämpfen, Terror mit Terror, totalen Krieg mit totalem Krieg, fragt Kucklick zu Recht. Ist es zwangsläufig, daß auch demokratische Regime im Kampf gegen eine Diktatur zum Mittel des Massenmordes greifen müssen, wie es am Beispiel der Vernichtung Hamburgs im vorliegenden Buch so beklemmend beschrieben und gezeigt wird? Das sind die eigentlich alten, aber gleichzeitig aktuellen und im Grunde einzig wichtigen Fragen, die sich aus der aufschäumenden Diskussion über die anglo-amerikanischen Bombardements auf unbewaffnete deutsche Männer, Frauen und Kinder ableiten. Der Historiker Hans Mommsen hat in diesem Zusammenhang darauf verwiesen, daß eine internationale Ächtung des Bombenkrieges gegen Zivilbevölkerungen noch aussteht.

Die simple Frage „Wie böse dürfen die Guten werden, wenn sie gegen das Böse antreten", ist nicht geklärt (siehe die Irak-Debatte), und zugleich irritiert etwas anderes: Nämlich, daß viele so tun, als sei es tatsächlich erst Friedrichs Buch gewesen, das erstmals das Leiden der Deutschen im Inferno zerbombter Städte ans Licht gebracht habe. Ähnliches ist zuvor auch Günter Grass' Novelle „Im Krebsgang" über den Untergang der mit Flüchtlingen besetzten „Wilhelm Gustloff" nachgesagt worden. Aber stimmt das denn? Hat sich nicht die Adenauer-Republik einen Vertriebenen-Minister geleistet? Hat es die Bücher über das zerstörte Köln und das verbrannte Kassel nicht gegeben? Hat es nicht eine ganze Generation gegeben, die ihrem 68er-Nachwuchs dann eben doch, wenn auch mühevoll und ambivalent, vom Krieg und von der Flucht und vom Ausgebombt-Werden erzählte?

Es macht mißtrauisch, wenn von der Opferperspektive der Deutschen behauptet wird, sie dürfe erst jetzt, über ein halbes Jahrhundert später, eine sein. Das „Tabu-Thema" Bombenkrieg gegen deutsche Städte hat Kucklick deshalb gewissermaßen in An- und Abführung gesetzt. Ein wichtiges Thema ist es dennoch. Und zwar auf beiden von Kucklick beschriebenen Ebenen: als Bilanz dessen, was die ernsthafte, vorbehaltlose und von direktem Involvement befreite Forschung über die Ereignisse um 1943 zu sagen vermag. Und, in der quälend präzisen Rekonstruktion der grauenhaften Tage von Hamburg, als ein Beitrag zum Mit- und Nachempfinden. Für beide Nachforschungen des Autors gilt, was der Historiker Hans-Ulrich Wehler auf die Frage geantwortet hat, ob damit eine „reinigende Debatte" angestoßen werden könne: „Wenn das Thema nicht ausgebeutet wird, wenn alles in Trauer wahrgenommen wird, dann ja."

*Peter-Matthias Gaede*
Chefredakteur GEO

# Terror gegen den Terror? Der Bombenkrieg gegen Nazi-Deutschland

In der Nacht des 16. März 1945 fliegen rund 200 britische Bomber vom Typ Lancaster Richtung Würzburg. Kaum ein anderer deutscher Ort ist so reich an Architektur und Kunstschätzen, an Pracht aus dem Rokoko, das seit den Tagen des Baumeisters Balthasar Neumann jeden Krieg überstanden hat. Und auch jetzt sind die Bewohner sorglos: In der fränkischen Stadt gibt es keine Industrie und keine Militäranlagen, nur Altäre und Beichtstühle; hier ist nichts, was kampfentscheidend wäre – weswegen also sollte man die Stadt attackieren?

Weil es sie gibt. Das ist der einzige Grund, aber wie sollten ihn die Würzburger ahnen? Seit Anfang Februar steht ihre Heimat auf einer Liste von Ausweichzielen, die angegriffen werden, falls die Primärziele, darunter Berlin, Dresden, Halle, Leipzig, nicht das Bombardement lohnen, weil sie bereits zerstört sind oder weil Wolken sie gnädig bedecken.

Die Stadt war zuvor nicht angegriffen worden, deswegen existieren keine Betonbunker, und die tiefliegenden, Schutz bietenden Festungsgänge aus dem 17. Jahrhundert waren nicht geöffnet worden, weil niemand das für nötig hielt. Auch wissen die Einwohner nur wenig vom richtigen Verhalten bei Angriffen, von Brandgasen oder von Feuerstürmen. Diese Schonung wird ihnen jetzt zum Verhängnis.

Der Angriff beginnt um 21.25 Uhr, es ist eine wolkenlose Nacht. Die Bomber werfen insgesamt 256 Spreng- und 397 650 Brandbomben ab. In dem Talkessel heizen Fallwinde die Flammen rasch an, und das Holz der alten Häuser und Schlösser brennt gut. Im Feuer geht die Stadt unter, 5 000 Menschen sterben. Der Angriff dauert nur 17 Minuten. Ein Wimpernschlag der Vernichtung, eine Fußnote im Bombenkrieg. Die Piloten freuen sich über die ungewöhnliche Dichte der Bombeneinschläge, dann ist

Würzburg für sie wieder vergessen.

Am nächsten Morgen aber kommen ein Mann und eine Frau zum Domvikar, um ihre Angehörigen beerdigen zu lassen. „Herr L. trägt den Leichenrest seiner Frau in einem Sack, Becken mit einem Stück Wirbelsäule und Ansätzen der Oberschenkel", berichtet der Geistliche später, sichtlich um dokumentarische Distanz bemüht. „Frau F. trägt ihren Mann in einem Einwecktopf: das voll erhaltene Gesäß daran und ein Stück der Wirbelsäule. Die Hose um das Gesäß war in das Fleisch eingebacken. An der zwar ausgeglühten, aber gut erkennbaren Eisenbahneruhr, die in der Tasche steckte, hatte die Frau ihren Mann erkannt."

Die drei heben gemeinsam Löcher aus, der Pfarrer spricht Gebete, dann schließen sie die Gräber. Das ist der einzige Trost der Überlebenden: zumindest die Reste der Toten zu bestatten.

Neben dem lähmenden Entsetzen, das Szenen wie diese auslösen, überrascht heute vor allem eines: daß sie uns im Grunde völlig unvorbereitet treffen. Wir mögen die groben Dimensionen des Bombenkrieges kennen, aber für dessen fürchterliche Details haben wir keinen kollektiven Bildervorrat. Ein Moment wie der in Würzburg ist in der „Ikonographie des Zweiten Weltkriegs nicht verzeichnet", schreibt der Historiker Jörg Friedrich in seinem Buch „Der Brand".

Jetzt erst macht sich eine neue Generation mit den Schrecken des Bombenkrieges vertraut. Sie folgt damit der jüngsten Phase der nachkriegsdeutschen Erinnerungskultur. Erst vor wenigen Jahren hat die Öffentlichkeit wieder damit begonnen, nicht nur die Schuld, sondern auch den Schmerz der Vergangenheit aufzuarbeiten. Günter Grass hat vom Untergang des Flüchtlingsschiffes „Wilhelm Gustloff" erzählt und dadurch die Erinnerung an diese Trägodie neonazistischen Kreisen entwunden. Das Fernsehen hat in großen Serien die Flucht und Vertreibung der Deutschen im und nach dem Zweiten Weltkrieg dargestellt.

Daß sich nun die Aufmerksamkeit dem alli-

Als der alliierte Bomben-
krieg im Mai 1945 mit
der deutschen Kapitula-
tion endet, sind mehr als
100 Stadtzentren im
Deutschen Reich ähnlich
verwüstet wie das von
Köln.

Würzburgs Innenstadt
wird noch im März 1945
bei einem Feuersturm
zu 90 Prozent zerstört.
Innerhalb von 20
Minuten brennt die Stadt
in den Abendstunden
des 16. März lichterloh.
Etwa 5 000 Menschen
sterben in dem Flammen-
meer.

ierten Bombenkrieg gegen Deutschland zuwendet, liegt nahe: Ein Großteil der deutschen Zivilbevölkerung hatte unter ihm zu leiden. Und nicht nur in der Erinnerung der Betroffenen, auch nach Maßstäben des kühlen Zählens gehört er zu den fürchterlichsten Schrecken des 20. Jahrhunderts.

### 1 000 Jahre Stadtgeschichte ausgelöscht

Insgesamt warfen die Alliierten 1,4 Millionen Tonnen Bomben auf das Deutsche Reich. Je nach Schätzung starben dadurch zwischen 400 000 und 570 000 Zivilisten, das war rund ein Prozent der deutschen Bevölkerung. Die Zahl der Verwundeten und Verstümmelten wurde nie verläßlich erhoben. Sieben Millionen Bürger verloren ihre Wohnungen.

161 Städte und mehr als 850 kleinere Orte wurden von Bomben getroffen. In den Städten mit mehr als 100 000 Einwohnern wurde im Durchschnitt fast die Hälfte aller Häuser zerstört, in vielen Orten waren es wesentlich mehr: in Düren rund 99 Prozent, in Hanau 87, in Würzburg 74, in Köln 70 Prozent.

Englische Strategen prägten dafür einen Begriff: *dehousing*, Enthausung. Das britische Bomber Command vernichtete im Jahre 1944 im Durchschnitt zweieinhalb Städte pro Monat, wie sein Kommandeur Arthur Harris nicht ohne Stolz vermerkte. Auch hat der Bomberchef nie einen Zweifel daran gelassen, wem die Mehrzahl der Angriffe galt: den Zivilisten, den Arbeitern. Nicht militärischen oder industriellen Zielen. Viele Angriffe waren Terror und sollten es sein, um die Moral der Deutschen zu brechen und so den Untergang des Nazireiches zu beschleunigen.

Nie zuvor ist ein Land derart systematisch verwüstet worden. Weil „Moral" schwer zu treffen ist, zielten die Spreng- und Brandsätze auf Wohnhäuser und Kirchen und Schlösser. In fünf Jahren Bombenkrieg wurden mehr als 1 000 Jahre deutsche Stadtgeschichte weitgehend ausgelöscht. Die Nach-

geborenen können sich seither den architektonischen und kulturellen Reichtum des Vorkriegs-Deutschlands nicht mehr vorstellen. Zwischen 1940 und 1945 wurden insgesamt 1,4 Millionen Starts britischer und US-amerikanischer Bombenflugzeuge in Richtung Deutschland gezählt. Die Angreifer verloren dabei rund 21 000 Flugzeuge und 140 000 Mann, das entspricht einem Drittel der alliierten Gesamtverluste in Europa.

Was sich während der Bombardements in den brennenden Städten zugetragen hat, übersteigt jedes Fassungsvermögen. So enorm soll die Verstörung unter den Überlebenden gewesen sein, daß sie nach dem Krieg in Schweigen umgeschlagen und „nie wirklich in Worte gefaßt" worden sei. Das zumindest behauptete vor einigen Jahren der 2001 verstorbene deutsche Schriftsteller W. G. Sebald in seinem Essay „Luftkrieg und Literatur": Der „wahre Zustand der materiellen und moralischen Vernichtung, in welchem sich das ganze Land befand, durfte aufgrund einer stillschweigend eingegangenen und für alle gleichermaßen gültigen Vereinbarung nicht beschrieben werden" – auch, um das Projekt des Wiederaufbaus psychisch nicht zu untergraben.

### Der Bombenkrieg: ein Tabu?

Seither wird gestritten, ob der Bombenkrieg im Nachkriegsdeutschland tatsächlich mit einem Tabu belegt worden ist. Der Göttinger Soziologe und Gewaltforscher Wolfgang Sofsky schlägt als Antwort eine Unterscheidung zwischen Hoch- und Volkskultur vor. In den intellektuellen Höhenlagen von Literatur, Wissenschaft und Feuilletons wurde das Thema Bombenkrieg tatsächlich spätestens seit den 1960er Jahren gemieden – dort beschäftigte man sich vor allem mit den deutschen Verbrechen und dem mühsamen Unterfangen, diese im historischen Gedächtnis der Deutschen zu verankern. „Die Erinnerung an die Toten des Luftkriegs" galt als „schändlich", schreibt die Süddeutsche Zeitung, jede Beschreibung des Bombenkriegs, so die FAZ, stand „unter Entlastungszwang". Eine nationale Debatte über den Bombenkrieg hat es daher nie gegeben.

Auch taten sich die Schriftsteller schwer, das Unbeschreibbare des Bombenkriegs zu beschreiben: Leichen, die in den bis zu 1 000 Grad heißen Feuerstürmen zusammenschrumpften, Frauen, die ihre verbrannten Kinder wochenlang in Koffern mit sich herumtrugen, ganze Familien, die in Schutzkellern im siedenden Wasser geborstener Boiler gesotten wurden. W. G. Sebald beklagte, daß die Literatur sich des Themas nicht in einem Maße angenommen hatte, die dem Schrecken und der Tiefe der traumatischen Erfahrung angemessen gewesen wäre.

Allerdings fielen die wenigen Erinnerungen, die veröffentlicht wurden, beim Publikum allesamt durch: Hans Erich Nossacks Beschreibung des Hamburger Feuersturms „Der Untergang" (1943 geschrieben, 1961 veröffentlicht) und Gerd Ledigs Roman „Vergeltung" (1956) fanden ebensowenig Beachtung wie die meisterhafte Erinnerungs-Trilogie „Der Junge mit den blutigen Schuhen" (1998) von Dieter Forte – wer über das Schweigen der Schriftsteller spricht, muß auch vom Weghören des Publikums berichten. Nossacks Beschreibungen etwa der Bergungskommandos, die sich einen Weg durch die Trümmer bahnen hin zu den Leichen, die von fingerlangen Maden besiedelt waren und von so großen grün schillernden Schmeißfliegen umschwärmt, wie er sie „nie gesehen" hatte – solche Alpträume wollte die Generation der Überlebenden rasch verdrängen.

Und doch wäre es falsch, den Bombenkrieg zum Tabu-Thema zu stilisieren. Denn in der informellen Erinnerungskultur, so Wolfgang Sofsky, in den Familien und im persönlichen Gedenken, waren die eigenen Opfer stets präsent; es wurde – radikal subjektiv und oft fern jeder politischen Korrektheit – erzählt über Bombennächte, Wohnraummangel und Kinderlandverschickung. Die gräßlichsten Details wurden dabei, ohne Zweifel, ausgespart, aber die Erinnerung an die fürchter-

lichen Nächte der Angst und auch an die Rachegefühle gegenüber den Alliierten wurden lebhaft wachgehalten.

Zudem finden sich Tausende regionaler Studien zum Bombenkrieg, Lokalzeitungen erinnern an die Jubiläen besonders schreckensreicher Angriffe, viele Orte haben Mahnmale errichtet. Und nicht zuletzt wuchs auch die Nachkriegsgeneration noch bis in die 1960er Jahre in Trümmern auf und zwischen Baulücken – die gleichsam wie Leerstellen den Schrecken der Bombennächte markierten.

Eine Versöhnung der beiden Positionen, der von „unten" und der von „oben", ist schwierig. Die Intellektuellen fragen sich, ob man sich derart emotional und subjektiv erinnern dürfe, wie es in den Familien geschieht, und ob dabei der alte Ungeist überlebe mit Revanchegelüsten und Aufrechnungsabsichten. Der Historiker Hans-Ulrich

Hans Erich Nossack
Der Untergang

Hamburg 1943    Fotos von Erich Andres

Einen der wenigen literarischen Augenzeugenberichte über den Hamburger Feuersturm verfaßt der Schriftsteller Hans Erich Nossack (1901–1977), Sohn hanseatischer Kaufleute, der sich zum Zeitpunkt der Katastrophe wenige Kilometer südlich der Stadt aufhält. Sein berühmtes Buch „Der Untergang" beginnt mit den Worten: „Ich habe den Untergang Hamburgs als Zuschauer erlebt."

Wehler warnt vor einem neuen „Opferkult". Die Gedenkenden wundern sich dagegen, warum die Elite nicht endlich einfache Wahrheiten ausspricht, etwa daß die alliierten Angriffe Verbrechen gewesen seien – wie quer auch immer diese Erkenntnis zu den Bemühungen stehe, die eigene Schuld aufzuarbeiten.

Die Versöhnung der Positionen hat in jedem Fall eine neue Generation zu leisten – jene, die sich jetzt mit dem Bombenkrieg zu beschäftigen beginnt. Universitätsseminare über den Zweiten Weltkrieg sind gut besucht, und in ihnen forschen die Jungen auf Wegen, die von alten Auseinandersetzungen unbelastet sind.

Die Frage der deutschen Schuld ist für die Nachwachsenden dabei meist geklärt: Daß der nationalsozialistische Vernichtungskrieg und die Judenvernichtung monströse Verbrechen ohne Parallele waren, wird nicht debattiert, sondern vorausgesetzt. Die schwierige Aufgabe, die deutschen Opfer in das Gesamtbild der deutschen Täterschaft einzufügen, könnte auf dieser Grundlage und mit dem historischen Abstand heute besser gelingen als zuvor.

Aber zunächst steht im Vordergrund, mehr über die Fakten des Bombenkriegs zu erfahren: Wie konnte es dazu kommen, und wie haben ihn die Menschen in den Schutzbunkern erlebt? Wie wurde er auf Seiten der Alliierten geführt und gerechtfertigt, und in welchem Verhältnis stand er zur deutschen Kriegsführung?

### „Der Bomber kommt immer durch"

Vor allem der Mythos um Guernica blockiert zuweilen die Diskussion. Der deutsche Angriff auf die baskische Stadt am 26. April 1937 gilt vielen gleichsam als Sündenfall des Terrorkriegs, als Blaupause, die alle Luftmächte später nur kopiert haben: Die Deutschen haben angefangen und das unterschiedslose Bomben gegen Zivilisten erfunden.

Daran ist nicht falsch, daß Guernica ein Terrorangriff war. Aber die Annahme, er sei ein Präzedenzfall, ist irrig. In seinem Buch „A History of Bombing" hat der schwedische Autor Sven Lindqvist den Mythos bereinigt: Der Bombenkrieg gegen Zivilisten war nicht die Erfindung einer einzelnen Nation, sondern der gesamten industrialisierten Staatenwelt.

Die erste Bombe der Geschichte fiel am 1. November 1911, acht Jahre nachdem zum ersten Mal ein Motorflugzeug abgehoben hatte. Der italienische Pilot Leutnant Giulio Cavotti warf sie – ein dänisches Produkt – nahe dem libyschen Tripolis auf Araber, die sich gegen die Kolonialtruppen der Italiener wehrten. Wie viele Menschen umkamen, ist nicht überliefert, der offizielle Bericht des Militärs schwärmte von dem „wunderbaren Effekt auf die Moral der Araber".

Das inspirierte. In den folgenden Jahren versuchten alle Kolonialmächte, ihre Besitzungen aus der Luft zu beherrschen: Franzosen

Um sie vor den Bomben zu schützen, werden Kinder zwischen vier und 14 Jahren aufs Land geschickt, in die „nicht luftgefährdeten Gaue des Großdeutschen Reiches", so die NSDAP-Sprachregelung. Dort bleiben sie monate-, manchmal jahrelang, weshalb vor allem Mütter sich oft energisch gegen die Kinderlandverschickung wehren.

Komm mit in die Kinderlandverschickung

bombardierten 1912 in Marokko, Spanier warfen dort 1913 Schrapnellbomben, Briten griffen zwischen 1915 und 1920 in Indien, Ägypten, Afghanistan, Somaliland und Iran aus der Luft an. In den 1920er Jahren machten südafrikanische Flieger in ihren Flugzeugen Jagd auf Hottentotten, französische Flieger zerstörten Teile von Damaskus und töteten 1 000 Menschen, die USA bombten gegen revoltierende Bauern in Nicaragua. US-Piloten unter französischem Kommando gebührt auch der zweifelhafte Ruhm, als erste eine ganze Stadt vernichtet zu haben: Chechaouen in Marokko, den heiligen Ort der Jibala. Zum Zeitpunkt der Attacke im Jahre 1925 war der 6 000 Einwohner große Ort unverteidigt, und die Flieger wußten, daß alle bewaffneten Männer ihn verlassen hatten.

Im Irak verfeinerte jener Arthur Harris, der später als Chef des britischen Bomber Command die deutschen Städte einebnen ließ, die Technik der *air control* und befahl, gezielt Wohnhäuser in Dörfern zu bombardieren. Araber und Kurden lernten nun, schrieb er seinen Vorgesetzten, „daß innerhalb von 45 Minuten ein ganzes Dorf ausgelöscht und ein Drittel der Bewohner getötet oder verwundet werden kann".

Das erregte damals kein Aufsehen. Die Kolonialherren waren sich transnational einig, daß Kontrolle aus der Luft eine kostengünstige Methode sei ohne große Risiken für das eigene Personal – eine Logik, die noch heute hinter Angriffen mit Marschflugkörpern und B-52-Bombern steht. Einen Unterschied zwischen Kämpfern und Zivilisten machten die Militärs in ihren Kolonialgebieten nicht – wie auch: Die Unterworfenen galten vielerorts nicht einmal als Menschen. Rassismus und Verachtung für die „wilden Stämme", so Lindqvists Tenor, hätten den Bombenkrieg von Anfang an entgrenzt.

Das *imperial policing* gegen „halb-zivilisierte" Stämme ist in seinen Auswirkungen, so fürchterlich sie waren, nicht mit dem späteren Flächenbombardement im Zweiten Weltkrieg zu vergleichen, aber die Logik dahinter war annähernd die gleiche. Eine britische Dienstvorschrift führte als Zweck der kolonialen Polizeiaktionen an, das „normale Leben der feindlichen Bevölkerung in einem solchen Maße zu stören, daß ihr die Fortsetzung der Feindseligkeiten untragbar erscheint". Mit ähnlichen Worten wird im Jahre 1943 die Bomberoffensive gegen Deutschland begründet.

Ins Bewußtsein der Europäer drang damals aber nur, was in Europa geschah. Im Ersten Weltkrieg bombardierten Deutsche aus Zeppelinen und „Gotha-Bombern" London und Südengland, britische Piloten flogen gegen Städte im Deutschen Reich. Gemessen an den Gesamtverlusten des Krieges waren die Schäden gering, auf beiden Seiten starben zusammen rund 2 000 Menschen durch Luftangriffe.

Aber die psychologische Wirkung war enorm, vor allem in England: Die Bomben lösten eine Panik in den Straßen aus und tiefe Angst im ganzen Land: Nach Jahrhunderten der erste Angriff auf das Mutterland! Für die meisten Briten ein ungeheurer Schock.

Er erklärt unter anderem, warum englische Strategen in den folgenden Jahren zu den energischsten Verfechtern des offensiven Bombenkriegs gehörten: Sie waren viel stärker von den Bomben beeindruckt als etwa die kriegsgewohnten Deutschen und suchten ihr Heil im Angriff als der besten Verteidigung. „Der Bomber kommt immer durch", deshalb sei Abwehr sinnlos, erklärte 1932 Stanley Baldwin, mehrfach englischer Premierminister. Stattdessen müsse „man schneller und mehr Frauen und Kinder töten als der Feind, wenn man überleben will".

In allen Industriestaaten wurden solche Theorien vom „Totalen Krieg" entworfen – der Begriff war seit dem Ersten Weltkrieg in Gebrauch, also weit vor jener Rede von Joseph Goebbels im Berliner Sportpalast am 18. Februar 1943, in der er den „Totalen Krieg" forderte und dafür begeisterte Zustimmung von seinen Zuhörern erhielt.

Es beginnt als Hand-
arbeit: Vor und im
Ersten Weltkrieg werden
Luftbomben in winzigen
Manufakturen gefertigt,
etwa in Paris (rechts
unten), und von Piloten
einzeln abgeworfen; doch
bereits ab 1917 fliegen
Deutsche mit
Großbombern vom
Typ „Gotha" gegen
England.

Als wichtigstes Element des Totalen Krieges galt von Anfang an die Luftwaffe, denn Schlachten am Boden, so der Eindruck nach dem Ersten Weltkrieg, schienen nicht mehr zu gewinnen zu sein. Millionen von jungen Männern waren zwischen 1914 und 1918 in den Schützengräben geopfert worden, doch eine Entscheidung hatten sie nicht erzwingen können, solange die gegnerischen Armeen von ihren heimischen Industrien mit Kriegsgerät versorgt wurden.

Also wurde auch der Arbeiter im Hinterland zum Feind erklärt, ja die ganze Bevölkerung. Ließe sich deren Moral durch Bomben brechen, so die Überlegung, würde die Industrie kollabieren und damit die Front: „Menschheit und Zivilisation mögen sich abwenden, aber jetzt sind alle Bürger Soldaten und dem Grauen des Krieges ausgesetzt", schrieb 1921 ein Theoretiker des Totalen Krieges, der italienische General Guilio Douhet. Nicht mehr Armeen kämpften gegeneinander, sondern Nationen. Es ging nicht um eine Schlacht, es ging um das Überleben. Dafür waren alle Mittel recht. Das mächtigste: Bomben.

Bereits 1915 schlug der englische Mathematiker F. W. Lanchester vor, die Bevölkerung durch Flammen zu vernichten: Die Feuerwehr müsse durch unzählige Brandsätze überwältigt und „die Stadt in toto zerstört" werden – die Grundidee des Feuersturms. Als britischer Rüstungsminister entwarf Winston Churchill 1919 einen Angriff mit 1 000 Flugzeugen auf Berlin, auch wenn ihm die Maschinen fehlten. Der deutsche Oberst und Kriegstheoretiker Robert Knauss hielt in den 1930er Jahren „Terror gegen die Bevölkerung" für unerläßlich in jedem Luftkrieg.

## Mit welchem Recht?

In allen Industrienationen spannen Luftkriegstheoretiker die Macht der Bomberflotte aus, aber nicht überall fanden sie gleichermaßen Eingang in die Einsatzregeln der Luftstreitkräfte. „Nur in Großbritannien und den Vereinigten Staaten verengt sich die Doktrin auf die Bombardierung als zentrale Aufgabe der Luftwaffe", schreibt der britische Historiker Richard Overy. „Die Bombe ist die Hauptwaffe der Luftstreitkräfte und das wichtigste Mittel, durch das sie ihr Kriegsziel erreichen kann", heißt es im britischen War Manual von 1935.

Die deutsche Luftwaffe war nicht gleichermaßen begeistert von der Bombe. Ihre Kommandeure hatten aus den Erfahrungen des Ersten Weltkrieges den Schluß gezogen, daß strategische Angriffe wenig bringen und nur im Notfall sinnvoll sind und die Luftwaffe effektiver in der unmittelbaren Unterstützung der Fronttruppen eingesetzt werden kann.

Auch dämpfte die geo-strategische Lage Deutschlands in der Mitte Europas die Luftkriegs-Ambitionen, weil unbestritten war, daß Deutschland in einem Bombenkrieg von allen Seiten unterliegen müsse. Das oberste Prinzip der deutschen Kriegsstrategie war vor und nach 1939, den Krieg „von der deutschen Heimat fernzuhalten", wie auch Hitler postulierte. Bei einem strategischen Bombenkrieg war dieses Ziel nicht zu erreichen. Auch deswegen hat die Luftwaffe im Gegensatz zu den britischen und amerikanischen Air Forces weder schwere, vier-motorige Bomber, schnelle Höhenbomber oder ausgesprochene Nachtbomber entwickelt noch intensiv für einen Bombenkrieg vorgeplant, den sie nicht glaubte gewinnen zu können.

Während die Idee des Bombenkriegs allerorten erwogen wurde, gab es zugleich viele Versuche, den Einsatz der Luftstreitmächte durch das Kriegsvölkerrecht zu zügeln. In Anlehnung an die Haager Landkriegsordnung schlug eine internationale Juristenkommission 1923 vor, Terrorangriffe aus der Luft zu ächten. Als „Terror" wurden alle Bombardements definiert, die nicht-militärischen Zielen galten oder eine unverhältnismäßig hohe Zahl von Opfern unter Zivilisten in Kauf nehmen oder anstreben.

Alle Vorhaben, daraus völkerrechtlich bindende Verträge zu machen, scheiterten aber am Widerstand der Luftmächte: Keine wollte sich die gewaltige Bomberwaffe aus der Hand nehmen lassen. Das bedeutet nicht, daß das Bomben jenseits aller Regeln stattfand. Ob die Haager Landkriegsordnung Flächenbombardements verbot, mag unter Juristen strittig gewesen sein; jedenfalls verlangte das Völkergewohnheitsrecht sehr wohl, Zivilisten zu schonen. Doch dies war offenbar eine schwache Hemmung.

### Guernica zerstört: „Einfach toll"

Trotz ihrer gemäßigten Doktrin praktizierte die deutsche Luftwaffe den Terror aus der Luft im Spanischen Bürgerkrieg. Die Legion Condor flog Hunderte von Einsätzen gegen die republikanischen Gegner des faschistischen Generals Franco. Viele davon waren eindeutig Terrorangriffe, die eine unverhältnismäßig hohe Zahl von zivilen Opfern in Kauf nahmen.

Kürzlich entdeckte Dokumente belegen, daß etwa das „Versuchskommando des Luftwaffenamtes" gezielt versuchte, Kleinstädte zu planieren, zum Beispiel Bujalance bei Córdoba, das 120 Tote zu beklagen hatte. Die Militärtechniker wollten herausfinden, wie sie einerseits am effektivsten zerstören und andererseits deutsche Städte vor möglichen Angriffen besser schützen könnten. Andere Flieger der Legion Condor erhielten Befehl, Bomben, die beim geplanten Angriff nicht abgeworfen worden waren, wahllos in Städte fallen zu lassen.

Am bekanntesten wurde die Bombardierung der nordspanischen Kleinstadt Guernica am 26. April 1937. Bis heute streiten sich Historiker, ob der Angriff von vornherein die Vernichtung der Stadt zum Ziel hatte oder ob es sich um „mittelbare taktische Heeresunterstützung" handelte, also um den „legitimen" Versuch, eine Brücke in der Stadtmitte zu zerstören, der nur durch widrige Wind- und Sichtverhältnisse zum Desaster führte. Vermutlich liegt die Wahrheit in der Mitte: Der Angriff war in einem strengen Sinne militärisch gerechtfertigt, um nationalen Truppen den Rückzug abzuschneiden, aber so skrupellos durchgeführt, daß er zur Vernichtung des Ortes führte. Rund 300 Menschen starben, etwa 75 Prozent der Stadt wurden zerstört. Der Stabschef der Legion Condor und spätere Generalfeldmarschall Wolfram von Richthofen schrieb in sein Tagebuch: „Guernica, Stadt von 5 000 Einwohnern, buchstäblich dem Erdboden gleichgemacht. Bombenlöcher auf Straßen noch zu sehen, einfach toll."

Schnell verbreitete sich die Kunde von der Zerstörung der Stadt durch ganz Europa, englische und französische Medien veröffentlichten ausführliche Korrespondentenberichte, Pablo Picasso ließ sich zu seinem berühmten Anti-Kriegsbild inspirieren. Innerhalb weniger Wochen wurde Guernica zu *dem* Symbol des Bombenkrieges. Warum Guernica? Weil der europäischen Öffentlichkeit zum erstenmal die ungeheure Macht der Bomben vorgeführt wurde. Und böse Vorahnungen aufstiegen.

Die deutschen Bomber der Legion Condor – hier eine Staffel von Heinkel-Flugzeugen auf einem Feldflugplatz an der Ebro-Front – sowie die Bomber der italienischen Verbündeten ersetzen General Francos Truppen während des Spanischen Bürgerkrieges (1936-39) zunächst die fehlende Artillerie.

Im Verlauf des Krieges praktiziert die deutsche Luftwaffe erstmals Terrorangriffe: Unter dem Befehl von Wolfram von Richthofen (Bildmitte) greifen die Offiziere der Legion Condor immer wieder gezielt die Zivilbevölkerung und unverteidigte Städte an. Die Einsätze sind eine Art Generalprobe für die deutschen Piloten und Rüstungsbetriebe.

## Der Auftakt

Es sind also unzweifelhaft alle Zutaten einer Katastrophe vorhanden, als die Nazis den Zweiten Weltkrieg beginnen: Der Terror aus der Luft ist hundertfach gedacht und im kleinen geprobt worden, die Rüstmeister entwickeln immer schwerere Bomber, und das Rechtsempfinden ist so porös, daß es keine Barriere bietet. Es fehlt nur noch der Auslöser. Den betätigt Hitler mit dem Überfall auf Polen am 1. September 1939. US-Präsident Franklin D. Roosevelt ermahnt noch am selben Tag alle Kriegsparteien zur Mäßigung im Bombenkrieg, der britische Premierminister Neville Chamberlain schwört: „Seiner Majestät Regierung würde niemals absichtlich Frauen und Kinder und andere Zivilisten töten."

Im Verlauf des Krieges aber überschreiten die großen Luftmächte Deutschland, England, die USA und zu einem geringeren Teil auch die Sowjetunion „die Schwelle zur Inhumanität, bis sie sich schließlich auf dem untersten gemeinsamen Nenner treffen, dem Terrorbombenkrieg", resümiert der deutsche Luftkriegsexperte Horst Boog.

Gleich der erste Luftangriff des Krieges bricht die Barriere der Rechtmäßigkeit und führt weiter, was in Guernica erprobt wurde. Wenige Minuten nach Kriegsbeginn am 1. September 1939 greifen in drei Angriffswellen jeweils 29 Sturzkampfbomber (Stukas) vom Typ JU 87 B der Luftwaffe das mittelpolnische Wielún an, 100 Kilometer westlich von Warschau gelegen. Die Stadt mit 16 000 Einwohnern verfügt weder über Industrie noch über einen Eisenbahnknotenpunkt, das Kavallerie-Regiment wurde längst verlegt.

Als „große graue Flugzeuge mit schwarzen Kreuzen" erscheinen sie am Himmel, erinnert sich ein Augenzeuge, werfen 380 Bomben mit einer Sprengkraft von 46 Tonnen ab und töten ein paar Hundert Menschen. Warum? Weil der deutsche Fliegergeneral Wolfram von Richthofen die neuen Stukas, die eigens für den Polenfeldzug mit stärkeren Motoren ausgestattet wurden, testen wollte.

Einige Tage später greift seine Truppe Warschau an, drei Tage lang wird die Hauptstadt mit rund 400 Flugzeugen bombardiert, wobei in Ermangelung geeigneter Flugzeuge auch Transportmaschinen vom Typ JU 52 eingesetzt werden; doch denen fehlen Bombenschächte, daher schaufeln Soldaten Brandbomben per Schippe aus den Ladeluken. Nicht einmal den Versuch, zu zielen, unternehmen sie. Der Angriff trägt „alle Merkmale eines willkürlichen Terrorangriffs", so der US-Historiker James Corum. Zusammen mit dem unaufhörlichen Artilleriebeschuß sterben einige Tausend Menschen, womöglich 20 000.

Aber das bringt die britische Führung nicht dazu, den Bombenkrieg gegen Deutschland zu beginnen. Später zwar wird der Angriff auf Warschau angeführt, um die alliierten Angriffe zu legitimieren, aber im Jahre 1939 fühlt sich London von ihnen noch nicht herausgefordert.

## Keine Rücksicht auf Zivilisten

Im Westen verhält sich die Luftwaffe deutlich anders. Noch heute besteht die weit verbreitete Auffassung, daß die Deutschen den Luftkrieg gegen England begonnen und ihn in Coventry beispiellos brutalisiert hätten, bevor dann England zurückgeschlagen hat. Ganz so einfach war es nicht.

Der deutsch-englische Bombenkrieg im eigentlichen Sinne beginnt im Frühjahr 1940. Zuvor hatte es schon kleinere britische Luftangriffe gegen deutsche Militärposten an der Nordseeküste gegeben, etwa am 18. Dezember 1939 in der Deutschen Bucht oder im März 1940 gegen den Seefliegerhorst Hörnum auf Sylt. Auch hatten deutsche Flieger britische Schiffe angegriffen. Aber erst nachdem Winston Churchill am 10. Mai 1940 zum Premierminister ernannt wird, beginnt der Bombenkrieg zwischen den beiden Nationen. Am Tag darauf erklärt Churchills Kabinett, auf deutsche Zivilisten

Eine Heinkel He 111 über Warschau: Bei der Zerstörung der polnischen Hauptstadt durch die deutsche Luftwaffe sterben im September 1939 annähernd 20 000 Menschen.

werde bei Bombenangriffen keine Rücksicht mehr genommen. In der Nacht auf den 12. Mai 1940 fliegen Bomber der Royal Air Force (R. A. F.) erstmals gegen eine deutsche Stadt. Einige Dutzend Bomben gehen auf Mönchengladbach nieder und töten vier Zivilisten.

Zwei Tage später greifen Flieger der deutschen Luftwaffe Rotterdam an. Der Angriff gilt Militärhistorikern als rein formal „legitim": Die niederländische Hafenstadt ist verteidigt und liegt in der Frontlinie, die Piloten versuchen militärisch relevante Ziele zu treffen. Dennoch ist er ein Blutbad: 825 Menschen sterben.

Die britische Propaganda macht daraus 30 000 Opfer und erklärt ihn zum Beginn des Terrorkrieges aus der Luft. Aber Churchill, das weiß man inzwischen, ist kaum erschüttert gewesen über den Angriff, gibt er ihm doch die moralische Rechtfertigung, jene Pläne umzusetzen, die schon lange in der Schublade liegen: massive Bombenangriffe gegen Deutschland. Bislang haben sich die Franzosen dagegen gewehrt, sie fürchten, die Deutschen könnten sich rächen und Paris angreifen.

Danach bombardiert die R. A. F. den Mai über Industrieanlagen und Städte im Deutschen Reich: Dortmund, Essen, Hamm, Aachen, Hannover und andere. Erst am 5. Juni 1940 beginnen deutsche Piloten die ersten Angriffe gegen Flughäfen und Militäranlagen in England, meist an der Kanalküste.

Dieser Umstand überrascht heutzutage: Briten haben Deutschland bombardiert, *bevor* Deutsche gegen England flogen? Nicht umgekehrt? „Wir haben angefangen", erklärt der prominente britische Völkerrechtler J. M. Spaight bereits 1944, „das ist eine historische Tatsache."

Doch man sollte diesen Befund nicht überbewerten. Zunächst einmal: Es handelt sich um den Beginn des *Bomben*krieges, nicht des Krieges. Daß England sich mit vollem Recht gegen den Aggressor wehrt, der halb Europa erobert hat, steht außer Frage.

Der Bombenkrieg zwischen England und Deutschland beginnt am 12. Mai 1940 mit dem britischen Angriff auf Mönchengladbach, bei dem vier Menschen ums Leben kommen.

Zwei Tage danach zerstören deutsche Bomber Teile Rotterdams, was dem britischen Premierminister Winston Churchill die moralische Rechtfertigung für massive Bombardements gegen das Deutsche Reich gibt.

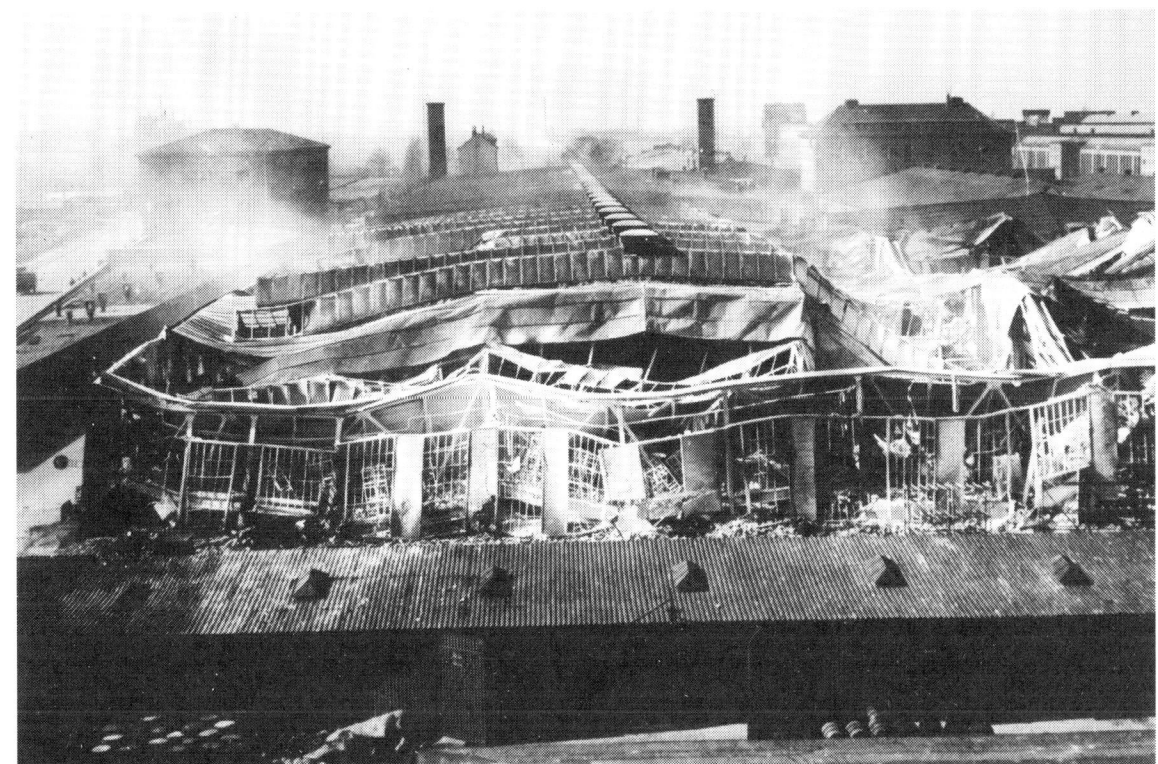

Anfangs zielen die britischen Angriffe noch überwiegend auf deutsche Industrieanlagen wie die BMW-Werke in München-Milbertshofen.

Schwerpunkt der Angriffe auf nichtzivile Ziele sind die Produktionsanlagen der großen Rüstungs- und Versorgungsbetriebe. Schwere Bombenschäden trägt etwa die Lokomotivenproduktion bei Krupp in Essen davon.

Zudem: Hitler hält sich vor allem deswegen zurück, weil er in jenen Tagen damit beschäftigt ist, die Eroberung Frankreichs abzuschließen. Außerdem hat er Befehl gegeben, die Flieger sollten Verluste vermeiden bis zum bereits geplanten „verschärften Luftkrieg" gegen England, der als Vorbereitung zur Invasion der britischen Inseln dienen sollte.

Und Churchill? Eskaliert er? Das wäre ein bedenkliches Wort für eine verzweifelte Lage. In jenen Tagen steht England ganz allein. Frankreich, Belgien, Holland, Polen und die Tschechoslowakei sind besetzt, die USA scheuen den Kriegseintritt – und es steht kein britischer Soldat mehr auf dem europäischen Kontinent. Die letzten sind Anfang Juni 1940 vom Strand in Dünkirchen evakuiert worden.

Wahrscheinlich hätte der britische Premierminister die Bombenangriffe gegen Deutschland selbst dann befohlen, wenn kein deutsches Flugzeug jemals über England erschienen wäre. Denn vom Sommer 1940 an hat er gar keine andere Wahl: Die Bomber sind seine einzige Waffe gegen Nazi-Deutschland. Ohne sie müßte er die Hände in den Schoß legen. Undenkbar.

„Die einzige Unmoral, derer wir uns damals hätten schuldig machen können", schreibt später ein Zeitzeuge, „wäre gewesen, den Krieg gegen Hitler zu verlieren." In dieser Situation die Flugzeuge nicht gegen Deutschland einzusetzen, wäre einer – auch ethischen – Kapitulation gleichgekommen. Am 5. Juli jedenfalls schreibt Churchill an Rüstungsminister Beaverbrook, nichts anderes werde „den Deutschen zur Vernunft bringen und in die Knie zwingen als ein absolut verheerender Ausrottungsangriff mit überschweren Bombern". Und noch vor dem deutschen Angriff auf Coventry am 14. November 1940, der oft neben Rotterdam als Wende hin zum Terrorkrieg gilt, befiehlt Churchill, verstärkt Brandbomben über deutschen Städten abzuwerfen, um den „Feuern jede Gelegenheit zu geben, sich auszubreiten".

## „Coventry – our Guernica"

Hitler hatte einen Krieg gegen England nicht von Anfang an geplant, er will nach Osten, die Sowjetunion erobern. Aber sein Kalkül, daß England im Jahre 1940, nachdem Deutschland halb Europa erobert hat, den Frieden mit Hitler sucht, geht nicht auf. So gibt er am 16. Juli 1940 die Weisung, sich auf die Invasion Englands vorzubereiten, die „Operation Seelöwe", deren Erfolg auch viele hohe deutsche Militärs bezweifeln. Die Eroberung Englands, so Hitler, könne nur gelingen, wenn die Deutschen die Luftüberlegenheit erringen, also die britische Luftwaffe weitgehend ausschalten und die gegnerische Flugzeugindustrie zerstören.

Großbritanniens Premierminister Winston Churchill – hier bei einer Inspektion von Militäranlagen in Nordostengland – weiß, daß im Sommer 1940 die Bomber seine einzige Waffe gegen Nazi-Deutschland sind. Er ruft die englische Bevölkerung zum Durchhalten auf und prophezeit den Nazis einen langen, zermürbenden Luftkrieg. Bereits im Herbst 1940 läßt Churchill auf Flugblättern den totalen Bombenkrieg ankündigen – auch wenn ihm zu diesem Zeitpunkt noch die technischen Möglichkeiten fehlen. Die „Fließband"-Produktion der Bombertypen Lancaster (Briten) und B-17 (Amerikaner) läuft erst an.

Ab August 1940 tauchen deutsche Bomber erstmals über London und anderen britischen Städten auf. Dieser Heinkel He 111 Bomber fliegt über die India-Docks von London in einer Höhe von rund 6 400 Metern.

Die neunmonatige Luftoffensive gegen England 1940/41 hat unterschiedliche, teils widersprüchliche Ziele: Anfangs soll sie „Operation Seelöwe", die geplante Invasion der britischen Insel, vorbereiten. Später dienen die Angriffe vor allem dazu, die Kriegsindustrie zu treffen. Bei den Bombardements sterben rund 30 000 Zivilisten, auch weil den Engländern nur wenige Luftschutzkeller – wie hier in Ramsgate – zur Verfügung stehen.

Bis heute gilt das deutsche Bombardement von Coventry, bei dem 550 Menschen sterben und die berühmte Kathedrale zerstört wird, als Musterbeispiel einer Terrorattacke. Da sich im Zentrum der westenglischen Stadt ein Großteil der britischen Luftfahrtindustrie befindet, sind sich Historiker jedoch einig, daß die Bombardierung in die Kategorie eines „legitimen" Angriffs fällt.

Terrorangriffe gegen die Bevölkerung werden ausdrücklich verboten, zunächst konzentriert sich die Luftwaffe auf militärisch-industrielle Ziele. Falls es nicht zur Invasion reicht, hofft Hitler, England durch die Luftangriffe wenigstens doch noch zum Friedensschluß zu zwingen.

Die deutschen Flieger schlagen in den ersten Tagen des August gegen Ziele in Südengland los; nach den Polen- und Frankreichfeldzügen sind sie erfolgsverwöhnt und siegesgewiß. Trotz großer Verluste auf beiden Seiten kommen sie der Luftüberlegenheit bereits nach wenigen Tagen bedrohlich nahe. Doch die britischen Jagdflieger leisten erbitterten Widerstand, und bald macht sich auf deutscher Seite Skepsis breit, ob die „Schlacht um England" zu gewinnen sei.

Da greifen deutsche Bomber erstmals London an, obwohl Hitler das ausdrücklich verboten hatte – er fürchtete Vergeltungsangriffe gegen deutsche Städte. Es ist der 24. August, und warum und auf wessen Befehl rund 100 deutsche Kampfflugzeuge die britische Hauptstadt angreifen, ist – so erstaunlich es klingen mag – bis heute nicht geklärt. Eine These besagt, daß sich die Piloten schlicht verflogen haben, was angesichts der schlechten Navigationsmöglichkeiten in diesen Tagen häufig vorkommt.

Die Schäden sind gering, aber zur Vergeltung schickt Churchill Bomber gegen Berlin, woraufhin Hitler wiederum London bombardieren läßt mit Verlusten unter der Zivilbevölkerung, die nach damaligen Maßstäben hoch sind: 306 Tote und 1 337 Schwerverletzte im Stadtgebiet, 142 Tote in den Vororten.

Die Briten nennen die Bombardements bald „the Blitz", weil die kurze Flugzeit der deutschen Bomber von ihren Flughäfen im besetzten Frankreich kaum Vorwarnzeit läßt und die Bomben wie ein Blitz aus heiterem Himmel einschlagen.

Diese Angriffe auf London stellen aber „keinen allgemeinen Zielwechsel in der deutschen Luftkriegsführung gegen England im Sinne eines reinen Terrorluftkriegs dar",

urteilt Klaus A. Maier, Historiker am Militärgeschichtlichen Forschungsamt in Freiburg. Zwar verkündet Hitler in einer berühmten Rede vom 4. September 1940, er werde nunmehr die britischen Städte „ausradieren" lassen. Aber seine Befehle lauten anders. Gegen das Drängen einiger seiner Generäle hält Hitler aus Furcht vor Vergeltungsschlägen daran fest, daß wahllose Angriffe gegen die Zivilbevölkerung die letzte „furchtbare Drohung" seien: „Solange man noch ein kriegswichtiges Ziel hat, muß man auf diesem Ziel bleiben."

Doch die Angriffe gegen London verschärfen sich, und bis Dezember 1940 sterben rund 14 000 Menschen in der Hauptstadt, 250 000 verlieren ihre Wohnungen. Die Feindnachrichtenabteilung der Wehrmacht verspricht sich allerdings keine „durchschlagenden Wirkungen" von den Angriffen, der Brite sei von Natur aus zäh. Eine Meinungsumfrage im Winter 1940/41 bestätigt die Einschätzung: Befragt, was sie in diesem Winter am stärksten bedrücke, nennen die meisten Londoner das schlechte Wetter vor dem Bombenkrieg.

Die deutschen Feindnachrichten-Sammler raten zu verstärkten Angriffen auf die mittelenglischen Rüstungszentren wie Sheffield, Birmingham und Coventry – auf letzteres, weil dort die Bombenwirkung noch dadurch gesteigert werden könne, da „die unmittelbar in Werksnähe wohnende Arbeiterschaft stark in Mitleidenschaft gezogen" werde.

In Coventry findet sich ein Großteil der britischen Luftfahrtindustrie, hier werden die Motoren für die „Blenheim"- und später für die „Lancaster"-Bomber gebaut sowie für „Spitfire"- und „Hurricane"-Jäger. Die meisten Fabriken liegen im Stadtzentrum.

In der Vollmondnacht auf den 14. November 1940 werfen 449 Flugzeuge rund 450 Tonnen Spreng- und Brandbomben ab sowie 127 Luftminen. Gegen 20 Uhr schlagen die ersten Bomben ein, bis weit nach Mitternacht explodieren Sprengsätze, auch in der berühmten Kathedrale, von der nur der Turm die Nacht übersteht: „Der Horizont war ein riesiger Halbkreis aus Feuer", erinnert sich der Propst der Kirche, „die ganze Nacht brannte die Stadt, und die Kathedrale mit ihr, Zeichen der ewigen Wahrheit, daß, wenn Menschen leiden, Gott mit ihnen leidet."

550 der 220 000 Bewohner von Coventry sterben bei dieser Operation, für die die deutschen Generäle den Decknamen „Mondscheinsonate" wählen. In Deutschland bürgert sich vorübergehend das Wort „coventrieren" ein.

Die britische Presse stellt das Ausmaß des Angriffs in aller Drastik dar, weltweit wird der Angriff zum Beweis für den menschenverachtenden Bombenkrieg Hitlers. Die Birmingham Gazette titelt: „Coventry – our Guernica". Das britische Kriegskabinett aber bezeichnet den Angriff am nächsten Tag als legitime Attacke, denn es sei nicht ersichtlich, daß die Deutschen gezielt die Wohnviertel zerstört hätten.

Auch kommen Historiker nach dem Krieg zum Urteil, daß die deutsche Luftwaffe weder in Coventry noch in anderen Städten systematisch gegen Zivilisten gebombt habe: Coventry ist nicht Hamburg oder Dresden. Der Autor der offiziellen britischen „Geschichte der Luftverteidigung" schreibt: „Detaillierte Unterlagen weisen nicht darauf hin, daß ein unterschiedsloser Bombenkrieg gegen die Zivilbevölkerung geplant war. Zielpunkte waren meist Fabriken und Hafenanlagen."

Dafür, daß die Deutschen keine Vernichtung der Städte planen, spricht auch der Anteil von Brandbomben, den sie abwerfen. Er beträgt während der Luftoffensive 1940/41 knapp acht Prozent. Bei den Briten, die gegen Deutschland fliegen, liegt er bald über 60 Prozent.

Knapp und zynisch schreibt Bomberchef Harris: „Wieder und wieder verpaßten die Deutschen ihre Chance, unsere Städte in Brand zu setzen."

Dennoch sind die Verluste unter der britischen Zivilbevölkerung immens hoch. Während des deutschen „Blitz" gegen Großbritannien sterben zwischen August 1940 und Juni 1941 rund 30 000 Menschen, in den Jahren danach und vor allem durch die V-Waffen weitere 31 000.

Die Navigation ist in jenen Tagen viel zu unpräzise, um Industrie und Zivil zuverlässig unterscheiden zu können, außerdem nehmen die Generäle hohe Verluste in der Bevölkerung zumindest billigend in Kauf. Auf beiden Seiten. Aber immerhin sind die Kriegsparteien zu diesem Zeitpunkt noch nicht bereit, Zivilisten zum *Hauptziel* ihrer Angriffe zu erklären.

Den Widerstand der Engländer brechen die deutschen Angriffe nicht, im Gegenteil: Die Bombardements festigen ihren Willen, Hitler mit allen Mitteln zu besiegen. Sie empfinden sich – ebenso wie die Deutschen während des alliierten Bombenkrieges – als unschuldige Opfer einer brutalen Zerstörung, und mit jedem Bombenabwurf wird der Ruf nach Vergeltung lauter. An den Wirkungen der deutschen Bomben studieren britische Wehrtechniker, wie sie zukünftig deutsche Städte effektiver in Schutt und Asche legen können. Haben sich die Deutschen also die späteren verheerenden Angriffe auf ihre Städte selbst zuzuschreiben? Ja, weil sie eine Führung unterstützten, die einen Krieg entfesselte, in dem alle Rücksichten zerbrachen. Nein, denn die Frauen, Kinder und Männer in den deutschen Luftschutzbunkern waren nicht für die Angriffe der Luftwaffe verantwortlich, hatten auch keine Möglichkeit sie zu verhindern.

Die deutschen Angriffe können nicht als Entschuldigung für die späteren Flächenbombardements der Alliierten dienen. Aber sie tragen mit dazu bei, daß Churchill sie befiehlt und bald jede Zurückhaltung ablegt.

### „Tötbare" Deutsche

Das tut er mit charakteristischer Zwiespältigkeit, wie jener Moment am 17. Oktober 1940, also rund einen Monat vor Coventry, zeigt, als ihn im Raucherzimmer des Unterhauses ein konservativer Abgeordneter auffordert, endlich das unterschiedslose Bomben gegen deutsche Zivilisten anzuordnen. „Mein lieber Herr", erwidert Churchill, „dies ist ein militärischer und kein ziviler Krieg. Sie und andere mögen Frauen und Kinder töten, wir dagegen wollen militärische Anlagen zerstören." Nach einem kurzen Moment aber fährt der Premierminister fort: „Allerdings schätze ich Ihren Vorschlag. Doch mein Motto ist: ‚Erst das Geschäft, dann das Vergnügen'."

Nach den ersten „Blitz"-Angriffen weist der Premierminister sein Kriegskabinett an, den Einsatz von Giftgas gegen deutsche Städte in Betracht zu ziehen. Daraufhin entwirft der Chef des Luftwaffenstabs Pläne, den kleinen britischen Vorrat an Giftgas-Bomben entweder bei intensiven Angriffen in vier Tagen oder, mit Sprengbomben vermischt, über einen Zeitraum von zwölf Tagen abzuwerfen. Aber aus Angst vor Vergeltung werden die Massenvernichtungswaffen nicht eingesetzt. Während des deutschen „Blitz" fliegen englische Bomber laufend Angriffe auf das Dritte Reich, am 16. November 1940 etwa auf Hamburg, den ersten Großangriff (127 Flugzeuge) auf eine deutsche Stadt. Auch das sind noch keine reinen Terrorangriffe, aber einige Bombardements finden hart an der Schwelle statt, jenseits derer nur noch Zivilisten zu treffen sind.

Mannheim am 16. Dezember 1940 zum Beispiel. Die Stadt besitzt weder relevante Militär- noch Industrieanlagen und wird daher von der Luftverteidigung kaum geschützt. Aber sie ist auf einem streng symmetrischen Grundriß erbaut, rechteckige Häuserblocks in immergleichen Abständen, die sich zum Studium von Detonationsdruckwellen eignen. Deswegen ist sie ausgewählt worden. Das primäre Angriffsziel: Zerstörung der Innenstadt. Das sekundäre: erforschen, wie eine Stadt am effizientesten zu planen ist. Der Zweck wird allerdings verfehlt, die Bomben fallen jenseits der Innenstadt in ein Wohnviertel, 20 Menschen sterben. Die Bombertechnik wird in anderen Orten verfeinert.

Das ist ein langer Weg. Denn die Navigations- und Zieltechniken bleiben noch lange so erbärmlich, daß die Piloten froh sind, ihr Ziel überhaupt zu sichten. Im Sommer 1941 untersucht eine britische Kommission die Treffsicherheit der Royal Air Force. Sogar bei idealem Wetter findet nur ein Drittel der Bomber sein Ziel, wobei „Ziel" großzügig ausgelegt wird: ein Umkreis von acht Kilometern um den Zielpunkt. Bei schlechtem Wetter sinkt die Quote auf zehn Prozent, in mondlosen Nächten gibt es nur Zufallstreffer. Ein vernichtendes Urteil. Nichts deutet in dieser Phase darauf hin, daß der Bombenkrieg auch nur eines seiner Ziele erreichen könnte: die Demoralisierung der Bevölkerung oder die Zerstörung kriegswichtiger Produktion. Doch so wird der Befund nicht interpretiert. Statt dessen wird das Kriegsziel endgültig entgrenzt.

Am 9. Juli 1941, der deutsche Überfall auf die Sowjetunion geht in die dritte Woche, befiehlt Churchill, „die Moral der deutschen Zivilbevölkerung insgesamt zu zerstören, und die der Industriearbeiter im Besonderen". Es gebe 70 Millionen „Hunnen", also Deutsche, so der Premierminister, „einige von ihnen sind heilbar [*curable*], andere tötbar [*killable*]".

Die Strategie wird *moral bombing* getauft. Am 14. Februar 1942 geht die Royal Air Force mit der „Area Bombing Directive" dann ganz offiziell zum „moralischen" Flächenbomben über. Diese Direktive gilt heute allgemein als Wendepunkt und entscheidender Sündenfall des Bombenkriegs.

Im Anhang der Direktive gibt Sir Charles Portal, der britische Luftwaffen-Stabschef, unmißverständlich zu Protokoll: „Es ist klar, daß die Zielpunkte Siedlungsgebiete sein sollen und beispielsweise nicht Werften oder Luftfahrtindustrien. Das muß ganz deutlich gemacht werden." Er geht dabei wie viele britische Experten davon aus, daß die Deutschen besonders anfällig seien für „Hysterie und Panik".

### Das neue Ziel: *dehousing*

Neun Tage später wird Arthur Harris Chef der Bomberflotte. Er wird das *moral bombing* mit beispielloser Hingabe betreiben. Später werden Historiker sagen, der Luftmarschall habe die Zerstörung deutscher Städte und die Vernichtung von Zivilisten nie als *Selbstzweck* aufgefaßt.

Harris hätte solche Feinheiten als „akademisch" bezeichnet. Während des Krieges schreibt er: „Das deutsche Wirtschaftssystem, mit dessen Vernichtung ich beauftragt bin, *umfaßt* Arbeiter, Gebäude und öffentliche Einrichtungen, daher ist es sinnlos zu behaupten, die Auslöschung deutscher Städte sei ‚kein Zweck an sich'. Deutschlands Städte einschließlich ihrer Arbeiter [...] sind buchstäblich das Herz des deutschen ‚Kriegspotentials'. Deshalb werden sie mit voller Absicht angegriffen."

Worin die Absicht besteht, erläutert Churchills deutschstämmiger Berater Frederick Lindemann (Lord Cherwell): In einem Memo entwirft er das *dehousing* von 22 Millionen Deutschen in 58 Großstädten.

### Städte als Feueranzünder

Am Palmsonntag 1942 wendet Harris die neue Politik erstmals an. Er wählt dafür Lübeck, weil die Stadt militärisch kaum verteidigt ist und ihr mittelalterlicher Stadtkern mit den eng gebauten Holzhäusern, so Harris, „eher einem Feueranzünder als einer menschlichen Siedlung" gleicht.

In der wolkenlosen Nacht auf den 29. März 1942 fallen aus 234 Flugzeugen ein Drittel Spreng- und zwei Drittel Brandmunition. Der Angriff beginnt um 22.30 Uhr, zunächst sind nur wenige Brände zu sehen. Doch nach 20 Minuten frißt sich eine Flammen-

Ab Februar 1942 befehligt Sir Arthur Harris (links) das britische Bomber Command, das er mit beispielloser Hingabe auf die Zerstörung deutscher Städte trimmt.

Als ersten Testfall des *dehousing*, das zur Demoralisierung der deutschen Bevölkerung führen soll, wählt Harris am 29. März 1942 die Altstadt Lübecks rund um den Dom, weil sie seiner Einschätzung nach eher „einem Feueranzünder als einer menschlichen Siedlung" gleicht.

wand am Ufer des Flüßchens Trave entlang, bald fegen Feuerwellen durch mehr als 1 500 Häuser, schließlich brennen viele Kilometer Straßenfront. 320 Menschen sterben, so viele wie bei keinem britischen Angriff zuvor – ein „großartiger Erfolg", so das Bomber Command.

Wenige Tage später brennt Rostock, dann greifen bei der „Operation Millennium" fast 1 000 Bomber Köln an. Das ist ein gewagtes Unterfangen: Wie lassen sich bei einem so gigantischen Verband in tiefschwarzer Nacht Kollisionen vermeiden? Mathematiker errechnen eine Kollisionschance von 1:1 000 für jeden Bomber, die Piloten halten das für viel zu optimistisch, aber genau so kommt es. Entsprechend kompakt erscheint der Bomberstrom über der Stadt, in der sich bald 12 000 Einzelbrände zu 1 700 Großbränden vereinen. Ein Feuersturm aber entsteht nicht, vor allem weil die Wasserleitungen intakt bleiben und die Feuerwehren löschen können.

Zwar gehen beim Millenniums-Angriff 3,9 Prozent der Maschinen verloren, für Bomber Command ist er dennoch ein Triumph: Die Flotte beweist, daß sie einen eigenständigen Krieg aus der Luft führen kann. Im Parlament kündigt Churchill an, fortan würden alle deutschen Städte „einer Feuerprobe unterworfen, wie sie kein Land an Dauer, Strenge oder Umfang bisher erlebt hat". Besonders sollten Städte unter 150 000 Einwohnern attackiert werden, weil „sie weniger verteidigt seien und meist militärisch zweitrangig", so ein Berater. Harris träumt: „30 000 Großbomber, und der Krieg ist morgen früh zu Ende."

Aus Rache nehmen sich deutsche Generäle einen Baedeker-Reiseführer zur Hand, suchen die als kulturhistorisch besonders wertvoll gekennzeichneten Städte und lassen dann Bath und York und andere Orte bombardieren – die sogenannten Baedeker-Angriffe. In Canterbury etwa gehen 100 Brandbomben nieder und beschädigen die weltberühmte Kathedrale. Zu mehr ist die Luftwaffe nicht mehr in der Lage.

Hitler will zwar den Luftkrieg gegen England nun stärker unter „psychologischen als unter militärischen Gesichtspunkten" führen und „Terror mit Terror" vergelten; aber das ist ein Eingeständnis der Schwäche. Die Luftwaffe ist nahezu komplett an der Ostfront im Einsatz. Zeitweise steht nur ein Geschwader von 30 bis 40 Bombern für Angriffe auf England zur Verfügung, das oft nicht einmal in der Lage ist, London, die größte europäische Stadt, zu finden, weil alle Navigationsverfahren von den Briten elektronisch gestört werden und die Piloten aus Furcht vor feindlichen Nachtjägern in Schlangenlinien fliegen, was die Wahrscheinlichkeit, das Ziel zu finden, weiter reduziert. Bei einem Angriff auf London im März 1943 gehen von 100 Bomben nur zwölf im Stadtgebiet nieder. Insgesamt werfen deutsche Flugzeuge im Jahre 1943 genau 2 298 Tonnen auf England, so viele, wie auf eine

Der Bombenkrieg nimmt rasch an Brutalität zu: Nach Lübeck wird Rostock abgebrannt und in den Ausnahmezustand versetzt.

Im Mai 1942 fliegen mehr als 1 000 Bomber gegen Köln, das – vorerst – nur durch seine trotz Bombenschäden funktionierende Wasserversorgung und den Einsatz der Feuerwehr vor Zerstörungen durch Großbrände gerettet wird.

deutsche Stadt bisweilen in einer einzigen Nacht fallen. Nur die späteren V-Waffen-Angriffe werden noch einmal England bedrohen. Ansonsten aber gilt: Als der alliierte Bombenkrieg mit aller Macht beginnt, endet der deutsche.

### Zähe, systematische Vernichtung

Im März 1943 fliegen 600 britische Bomber mehrfach gegen Essen, dann ähnlich große Verbände gegen Bremen, im Juli geht Hamburg im Feuersturm unter. In England bürgert sich der Begriff „hamburgisieren" ein, er wird zum Leitwort für die weiteren Angriffe.

Bereits im Dezember 1941 hatte Hitler den USA den Krieg erklärt, aber erst ab Mitte 1943 schicken die Amerikaner Bomber gen Deutschland und teilen sich fortan den Himmel mit britischen Flugzeugen: Tagsüber attackieren Amerikaner in ihren „Fliegenden Festungen", stark gepanzerten und mit fünf MG-Schützen versehenen B-17-Bombern,

nachts greifen Engländer an. Die US Air Force (USAF) glaubt, es sei effizienter, mit schweren, gut verteidigten Bombern bei Tageslicht anzugreifen, um präziser zu treffen. Bis heute wird daher kolportiert, die USAF hätte sich energischer um gezielte Abwürfe auf die Industrie bemüht als die Briten. „Aber die Unterschiede zwischen den beiden Bombermächten werden häufig übertrieben", so Richard Overy.

Die Amerikaner propagieren zwar etwas lautstärker Präzisionsbombardement, aber technologische Mängel vereiteln ihr Vorhaben. Ihre Trefferquote liegt genauso hoch wie die der Briten: Noch 1944 schlagen im Durchschnitt nur fünf Prozent aller amerikanischen Bomben im Umkreis von 300 Metern vom Ziel ein – der Rest streut weit über die Städte.

Auch gibt es keinen Dissens zwischen Churchill und Roosevelt, sie sind sich einig über die Notwendigkeit, Deutschland flächendeckend zu zerstören. Im Januar 1943 bilden sie in Casablanca die *Combined Bomb-*

Ab Mitte 1943 ergänzen US-Amerikaner mit ihren schweren B-17-Bombern, den „Fliegenden Festungen", die nächtlichen britischen Angriffe. Hier der Blick in das Cockpit eines Bombers

Die US Air Force fliegt grundsätzlich nur bei Tage, um, wie es heißt, eine bessere Trefferquote zu erzielen. Doch Auswertungen ergeben, daß die US-Bomber nicht präziser zielen als die Briten.

Amerikanische Bomber vom Typ B-17 werden auf einem Stützpunkt in England für einen erneuten Angriff vorbereitet. Die Munitionsmenge, die auf diesem Foto zu sehen ist, reicht für die Bestückung von sieben Flugzeugen.

*ing Offensive*, in der sie die beiden Luftstreitmächte bündeln und deren Angriffe aufeinander abstimmen mit dem Ziel, „das militärische, industrielle und wirtschaftliche System Deutschlands zunehmend zu zerstören und zu zerschlagen und die Moral des deutsches Volkes so gründlich zu untergraben, daß seine Fähigkeit zu bewaffnetem Widerstand entscheidend geschwächt wird". Nahezu rund um die Uhr fallen nun Bomben. Die meisten erzeugen keine Feuerstürme, der Bombenkrieg wird zur Abnutzungskampagne. Jede Nacht wachsen die Trümmerberge, am Morgen werden die Toten gezählt: 244 in Stettin, 270 in Gelsenkirchen, 370 in Karlsruhe – aus solchen Verlusten addieren sich zwei Drittel der Opfer. Die Zerstörung wird zur Routine, Schicht für Schicht werden die Städte abgetragen. Dabei gibt es keine entscheidenden Durchbrüche, keine Siegesmeldungen, keine Kapitulationsangebote. Nur die zähe, systematische, unaufhaltsame Vernichtung. Die Strategie ist auch für die Alliierten

enorm verlustreich. Bei manchen Angriffen wird die Hälfte aller Flugzeuge abgeschossen oder schwer beschädigt. Insgesamt verlieren Briten und Amerikaner während des Bombenkriegs gegen Deutschland rund 140 000 Piloten, Navigatoren, Funker, Mechaniker, Bord- und Bombenschützen.

Bei dem Angriff auf Hamburg im Juli 1943 setzen zwar simple Stanniol-Streifen die Abwehrkette vorübergehend außer Kraft, aber danach formiert sich die deutsche Abwehr neu und bringt im selben Jahr den alliierten Fliegern die höchsten Verluste während eines Kriegsjahres bei.

Rund 14 Prozent der anfliegenden Bomber schießen die Deutschen im Herbst 1943 ab, das bedeutet eine Lebensfrist von etwa sieben Angriffen pro Besatzung und Bomber. Arthur Harris erhält seinen Spitznamen „Butcher", Schlachter, nicht wegen der deutschen Opfer, sondern wegen der hohen Verluste unter seinen eigenen Piloten.

Die Alliierten machen dennoch weiter, zunehmend auch, um Josef Stalin zu beruhi-

Tausende von B-17-Bombern setzen die Amerikaner gegen Deutschland ein. Die 22 Meter langen und mit einer Spannweite von 32 Metern versehenen Maschinen sind schwer gepanzert und von fünf MG-Schützen gesichert; dennoch schießen deutsche Jäger bei manchen Angriffen bis zu 50 Prozent dieser „Fliegenden Festungen" ab.

gen. Der sowjetische Diktator verliert jeden Tag bis zu 10 000 Männer auf den Schlachtfeldern und verlangt, daß die Westmächte wenigstens aus der Luft eine zweite Front halten.

Einen der verlustreichsten Angriffe fliegen US-Bomber am 14. Oktober 1943 gegen Schweinfurt, das Zentrum der deutschen Kugellagerindustrie. Deutsche Jäger und Flak schießen 60 Bomber ab und beschädigen 138. Zwar erreichen noch 220 Flugzeuge die Stadt und richten erhebliche Schäden an, aber solche Verluste sind auch für die aus vollen Quellen schöpfende USAF auf Dauer untragbar: Für eine Weile werden die Luftangriffe reduziert.

Zwei Faktoren wenden das Blatt. Zum einen entscheiden sich die Alliierten, zunächst die deutsche Luftwaffe auszuschalten, um Luftüberlegenheit zu gewinnen. Zum anderen entwickeln sie den Begleitjäger P-51 Mustang, der die Bomberverbände bis tief ins Reich eskortieren und schützen kann. Innerhalb weniger Wochen werden die deutschen Jägerverbände so dezimiert, daß sie keine ernsthafte Gefahr mehr darstellen: Im Frühjahr 1944 gehen jeden Monat die Hälfte aller Flugzeuge und ein Viertel der Piloten verloren. Schließlich kann die Luftwaffe nur noch 300 Jäger gegen 12 000 alliierte Bomber einsetzen.

### „Sind wir Tiere?"

Als die Abwehr ausgeschaltet ist, treffen die Angriffe Deutschland mit ganzer Wucht. Die Opferzahlen des Bombenkrieges steigen dramatisch an. 1942 sterben 6 800 deutsche Zivilisten unter den Sprengsätzen, 1943 sind es über 100 000. Der deutsche „Arbeitsstab Luftschutz" errechnet, wie sich die Bombentreffer verteilen: 50 bis 70 Prozent aller Sprengbomben und fast 90 Prozent der Brandbomben fallen auf Wohnviertel. Die Abwürfe auf Industrieanlagen machen im Jahresdurchschnitt nur rund 10 Prozent der Gesamtbombenmenge aus.

Einzelne Angriffe erzürnen Hitler, etwa die

Zerstörung der Möhne-Talsperre am 17. Mai 1943 im Rahmen der Operation „Chastise" (Züchtigung), als eine britische Spezialstaffel die bis zu 34 Meter dicke Staumauer aufsprengt, so daß eine anfangs neun Meter hohe Schlamm- und Flutwelle das Tal hinabrast, fünf Ortschaften unter sich begräbt und mehr als 1 300 Zivilisten tötet.

Aber insgesamt läßt Hitler die Vernichtung der deutschen Städte kalt. Er bedaure zwar die Leiden der Zivilbevölkerung und die Zerstörung von Kunstwerken, notiert Propagandaminister Joseph Goebbels nach einer Unterredung, aber „von kriegsentscheidender Bedeutung" sind für den Reichskanzler „natürlich die Schläge, die der Industrie, insbesondere der Rüstungsindustrie versetzt werden".

Die Zerstörung der Städte sei „von einer höheren Warte aus gesehen nicht ganz so schlimm", ja, womöglich wünschenswert: „Die meisten Industriestädte sind schlecht angelegt, muffig und miserabel gebaut. Wir werden durch britische Luftangriffe hier Platz bekommen." Raum unter anderem für die 15 Millionen VW Käfer, von denen Hitler träumt und für die er das Ruhrgebiet eh radikal um- und neubauen will.

Überdies gilt für Hitler: Sollte sich das deutsche Volk angesichts des Bombenkriegs als schwach erweisen, so verdiene es den Untergang.

Jenseits des Kanals arbeitet Harris daran. Er besitzt eine Liste mit den Namen der „100 wichtigsten Städte für den deutschen Kriegseinsatz". Jedesmal, wenn er glaubt, ein Ort sei endgültig ausgeschaltet, streicht er ihn durch. Es muß ihn mit einem gewissen Stolz erfüllt haben. Als der Oberbefehlshaber des Bomber Command in seinem Wagen auf der Landstraße wegen Geschwindigkeitsübertretung angehalten wird, ermahnt ihn der Polizist: „Sie hätten jemanden töten können." Harris erwidert: „Junger Mann, ich töte Tausende Menschen jede Nacht."

Ziele, die nicht auf Harris' Liste stehen, werden hingegen gemieden. Obwohl die Alliierten vom Massenmord in Auschwitz wissen,

Der Feind sieht Dein Licht!

Verdunkeln!

Dieses Luftschutzmerkblatt soll die Berliner Bevölkerung über das richtige Verhalten bei Luftangriffen belehren.

In allen deutschen Großstädten werden mit Beginn des Krieges Plakate mit Verhaltensmaßregeln aufgehängt. Ganz wichtig ist das Verdunkeln der Fenster und anderer Lichtöffnungen, um den angreifenden Bombern die Orientierung zu erschweren – hier ein Plakat aus dem Jahr 1943.

lehnt US-Unterstaatssekretär John McCloy im Frühsommer 1944 ein Bombardement etwa der Gleisanlagen ab, weil ein Angriff auf das KZ nicht dazu beitrage, den Krieg rascher zu beenden. McCloys Wunsch, die Diskussion über einen Angriff auf das KZ ein für allemal zu beenden, notiert dessen Stellvertreter als knappen Vermerk: „Kill this". Allein zwischen Mai und Juli 1944 werden in Auschwitz mehr als 400 000 Juden umgebracht – fast so viele, wie Deutsche im gesamten Bombenkrieg sterben.

Die Einebnung der deutschen Städte aber erreicht eine Dimension, die sogar den Erfindern der Strategie zunehmend bedenklich erscheint. Düsseldorf wird im Kriegsverlauf 243 mal bombardiert, Köln 262 mal, Essen 272 mal, Duisburg 299 mal. Alle strategischen Fragen haben sich erübrigt. Es wird gebombt, weil gebombt wird.

In jenen Tagen sieht sich Churchill mit dem australischen Vertreter im Kriegskabinett, Richard Casey, einen Film an, der Bomber beim Einsatz über dem Ruhrgebiet zeigt. Mit einem Mal, so notiert Casey in sein Tagebuch, sei Churchill aufgeschreckt, „und er sagte mir: ‚Sind wir Tiere? Führen wir das zu weit?' Ich sagte, daß wir damit nicht angefangen hätten und daß es darum ginge, wir oder sie."

Bis zuletzt behaupten Englands Regierung und weite Teile der Presse, die Angriffe würden allein militärischen und industriellen Zielen gelten. Darüber ist Arthur Harris erbost, der seinem Volk die Wahrheit zumuten will. Er schreibt dem Luftfahrtministerium in ungewöhnlich drastischer Form, es solle die offizielle Propaganda einstellen. Statt dessen müsse man klarstellen, daß die Angriffe „der Zerstörung der deutschen Städte, dem Töten der deutschen Arbeiter und der Behinderung des zivilisierten Lebens in ganz Deutschland" dienen.

„Es sollte unterstrichen werden, daß die Zerstörung von Gebäuden [...], die Schaffung eines Flüchtlingsproblems von bislang unbekanntem Ausmaß und der Zusammenbruch der Moral [...] durch die Furcht vor noch heftigeren Bombenangriffen akzeptierte und beabsichtigte Ziele unserer Bombardierungsstrategie sind. Keinesfalls sind sie Nebenwirkungen von Versuchen, Fabriken zu treffen." An dieser Strategie, so Harris, sei schließlich nichts Verwerfliches.

Diese Meinung teilen nicht alle. Der konservative Abgeordnete Lord Salisbury schreibt Luftkriegsminister Sir Archibald Sinclair einen Brief: „Natürlich haben die Deutschen angefangen, aber wir nehmen uns ja auch sonst nicht den Teufel zum Vorbild." Er fürchtet, daß die Briten die „moralische Überlegenheit über die Deutschen" verlieren. Auch einige Geistliche der anglikanischen Kirche sowie Wissenschaftler und Journalisten protestieren gegen die Vernichtungsstrategie. George Bell, Bischof von Chichester, ist am entschiedensten; immer wieder verlangt er, „die Regierung wegen der Flächenbombardements zur Rede zu stellen".

Auch er verteidigt die höhere Moral der Alliierten: „Eine ganze Stadt auszulöschen, nur weil sich in einigen Gegenden militärische und industrielle Einrichtungen befinden, negiert die Verhältnismäßigkeit. Die Alliierten stehen für etwas Größeres als Macht. Die Hauptinschrift auf unserem Banner ist ‚Recht'. Es ist von höchster Wichtigkeit, daß wir, die wir mit unseren Verbündeten die Befreier Europas sind, die Macht so nutzen, daß sie unter der Kontrolle des Rechts stehen" – doch das dringt kaum durch.

„Die britische öffentliche Meinung zwischen 1939 und 1945 stand fest hinter dem Luftkrieg gegen Deutschland", so der britische Historiker Mark Connelly, und zwar weit mehr als das liberale Gewissen heutzutage wahrhaben möchte. Das Bomber Command gilt während des Krieges vielen als *das* Symbol für Großbritanniens Stärke und Unabhängigkeit, ja, als Zeichen der nahezu religiösen Mission Englands.

Nach Angriffen auf Köln schreibt der *British Paramount*: Die stolze Stadt am Rhein sei „nur noch eine kahle, unheimliche Ruine.

Sie liegt da als Symbol für den fast göttlichen Zorn freier Menschen, die nur langsam in Wallung geraten sind, aber schrecklich in ihrer Rache sind."

Heute ist die britische Öffentlichkeit über die Luftkriegsführung tief gespalten. Auch in England hat die neue deutsche Debatte eine stürmische Diskussionen ausgelöst.

Der „Independent" etwa beharrt darauf: Die Deutschen hätten angefangen, „daher müssen wir uns auch bei ihnen für nichts entschuldigen". Der Journalist und Kriegsveteran W. F. Deedes fragt dagegen: „Wie sehr müssen wir uns schämen für das, was Sir Arthur Harris in unserem Namen getan hat?"

Die drängendsten Fragen umkreisen Winston Churchill, der Ende 2002 in einer großen Umfrage der BBC zum „bedeutendsten Briten aller Zeiten" gewählt worden ist. Ohne ihn, schreibt der Schriftsteller und Churchill-Kenner Michael Dobbs, wäre „die Säure des Nazismus in alle Ecken Europas geströmt", während ein anderer fragt: „Wenn Churchill kein Kriegsverbrecher ist, wer dann?" Schließlich müßten im Krieg alle an den gleichen Maßstäben gemessen werden, nicht nur die Verlierer.

Beinahe mutet die Debatte wie ein Spiegelbild zur hiesigen an: Während sich die Deutschen mühen, neben den vielen Tätern einen Platz für die eigenen Opfer zu finden, versuchen die Briten, die Lichtgestalt Churchill mit deren dunkleren Seiten zu verbinden.

## Die letzten Lektionen

Damals wie heute richten sich die größten Zweifel an der alliierten Strategie auf die letzten Monate des Krieges. Je länger er währte und je mehr die deutsche Luftwaffe ausgeschaltet wurde, desto energischer steigerte sich der Bombenkrieg. Von den 1,42 Millionen Tonnen, die insgesamt auf Deutschland fallen, treffen 1,18 Millionen im letzten Kriegsjahr und allein ein Drittel der Tonnage in den letzten vier Monaten. Im

März 1945 konnte allein die USAF 7 000 Jagd- und Bombenflugzeuge einsetzen, die R. A. F. 1 500 schwere Bomber, die bis zu 10 Tonnen Last trugen.

Die Fliegertruppe bombardierte unter anderem das bereits völlig zerstörte Essen mit der Begründung, es könnten sich in den menschenleeren Trümmern ja nochmals Industrien ansiedeln. Sie griff Bonn allein deswegen an, weil es noch unzerstört war; die R. A. F. wollte ein neues Navigationssystem erproben und benötigte eine unversehrte Stadt, um die Wirkung einschätzen zu können: So starben am 18. Oktober 1944 mehr als 300 Menschen, 20 000 wurden obdachlos, die Universität samt Bibliothek und 180 000 Büchern verbrannte.

Würzburg, Freiburg, Heilbronn, Nürnberg,

Nachdem Dresden am 13./14. Februar 1945 untergegangen ist, fragt sich sogar Winston Churchill, ob die „wahllose, wenngleich beeindruckende Zerstörung" deutscher Städte legitimierbar sei – und läßt seine Flieger weiterbomben.

Hildesheim, Mainz, Paderborn, Magdeburg, Halberstadt, Worms, Pforzheim, Trier, Potsdam, Dresden – sie alle gingen in den letzten Kriegstagen unter, *weil* alles andere bereits vernichtet war.

Nach dem grauenhaften Feuersturm von Dresden, in dem im Februar 1945 mindestens 31 000 Menschen umkamen, wurde schließlich auch Churchill des Schreckens müde. Er erwog, die Bombardierung deutscher Städte mit dem Ziel, „allein den Terror zu steigern", zu beenden. Doch einen entsprechenden Befehl gab er nicht. So ging die Vernichtung bis Ende April 1945 weiter.

Die US-Luftwaffe schickte Anfang 1945 im sogenannten „Project Clarion" sogar noch gezielt Tiefflieger gegen kleine Orte und Dörfer, mit der Begründung, diese seien dem Terror bislang entgangen. So machten in den letzten Kriegstagen überall im Reich Piloten Jagd auf Frauen und Kinder, um den Deutschen eine Lektion zu erteilen, wie es hieß,

„nie wieder so ein Regime wie die Nazis" zu unterstützen. „Wir müssen hart sein mit den Deutschen", hatte US-Präsident Roosevelt schon im August 1944 gesagt, „und ich meine das deutsche Volk, nicht nur die Nazis."

### „Barbarisch, aber sinnvoll?"

„Kaum ein Historiker ist heute noch bereit, die flächenmäßige Bombardierung deutscher Städte zu rechtfertigen", schreibt Lothar Kettenacker vom Deutschen Historischen Institut in London. Um so mehr wird über die Frage gestritten, ob sie zumindest militärisch Sinn gemacht hat? Hatte sie dazu beigetragen, den Krieg schneller zu beenden und Hitler rascher zu besiegen?

Richard Overy nennt die Angriffe „barbarisch, aber sinnvoll". Sie hätten die deutsche Kriegswirtschaft wesentlich geschwächt und so den Zusammenbruch der Wehrmacht befördert – es wäre ja auch widersinnig

Nach dem Dresdner Feuersturm werden die Leichen auf dem Altmarkt gestapelt und auf Schienenrosten verbrannt. Besonders verheerend ist, daß sich während des Angriffs Zehntausende von Flüchtlingen aus Schlesien in der sächsischen Metropole aufhalten, die schutzlos dem Bombardement ausgeliefert sind.

Nach den Bombenangriffen vom 13./14. Februar arbeitet die Bevölkerung von Dresden bei der Beseitigung der Trümmer mit.

anzunehmen, der Abwurf von 1,4 Millionen Tonnen Bomben auf eine Industrienation hätte keinerlei Produktionseinbußen verursacht.

In seinem Buch „Die Wurzeln des Sieges" rechnet Overy vor, welche kriegsrelevanten Auswirkungen die Flächenbombardements hatten. Zum einen zwangen sie die NS-Führung, immer mehr Ressourcen in die Luftverteidigung zu stecken statt an die Front. Fast ein Drittel der deutschen Artillerieproduktion ging 1944 an die Flugabwehr mit ihren etwa 55 000 Geschützen, die zudem über zwei Drittel aller Radargeräte verfügte und rund zwei Millionen Menschen beschäftigte, die an der Front und in Fabriken fehlten.

Unbestritten ist aber auch, daß die deutsche Kriegsproduktion trotz der Bombardements jahrelang gewaltig wuchs, auch weil die alliierten Bomben insgesamt nur 6,5 Prozent der deutschen Industriemaschinen zerstörten. Für eine Weile galt sogar: Je mehr gebombt wurde, desto mehr wurde produziert – zwischen Frühjahr 1942 und Herbst 1944 steigerte sich der Ausstoß von deutschem Kriegsgerät um das Dreifache. Den Höhepunkt erreicht die Rüstungsproduktion in der zweiten Hälfte des Jahres 1944, nach fast vier Jahren Bombenkrieg gegen die Städte.

Es war allein dieser *Zuwachs*, den das Flächenbomben bremste, wie Reichsrüstungsminister Speer 1945 errechnen ließ: Aufgrund der Bomben seien 35 Prozent weniger Panzer, 31 Prozent weniger Flugzeuge und 42 Prozent weniger Transportflugzeuge produziert worden, als ohne jede Behinderung möglich gewesen wäre.

## Die Effizienz des Bombens

Eine Frage aber beantworten diese Zahlen nicht: War die Zerstörung der Städte der einzige Weg, um das Militär zu schwächen? Denn womöglich ist der entscheidende Aspekt nicht: Haben die Flächenbombardements die deutsche Wirtschaft geschädigt?

(Das war ohne Zweifel der Fall.) Sondern: Hätte es effizientere, weniger zerstörerische Alternativen zu den Flächenbombardements gegeben? Hätte die deutsche Zivilbevölkerung weniger leiden und Hitler dennoch besiegt werden können – womöglich schneller?

Man wird darüber wohl nie abschließend urteilen können: Nachträgliches Wissen überlagert das der historischen Akteure, nicht alle Dokumente liegen vor. Doch vieles deutet darauf hin, daß es effizientere Alternativen zu den Flächenbombardements gab. Und daß alliierte Politiker und Militärs sie kannten.

Spätestens im Frühjahr 1944 mehrten sich

Trotz der Flächenbombardements steigt die deutsche Kriegsproduktion, etwa die Montage von Jagdflugzeugen des Typs Me 109 G in den Messerschmidt-Werken, kontinuierlich an und erreicht im Herbst 1944 ihren höchsten Stand.

die Zweifel an der Effektivität des *area bombing*. Es wurde deutlich, daß Deutschland trotz der pausenlosen Luftangriffe in einem Bodenkrieg Meter für Meter erobert werden müsse. Zudem konnten die Geheimdienste nicht entdecken, daß die Moral der Deutschen derart geschwächt war, daß sie zu einem Aufstand gegen das NS-Regime bereit seien. Amerikaner warfen die Frage auf, wie man sich in einem totalitären Polizeistaat eine Revolte überhaupt vorzustellen habe. „Womöglich", gibt aus der Rückschau der Bochumer Historiker Hans Mommsen zu bedenken, habe der Bombenkrieg „den inneren Zusammenhalt" des NS-Regimes sogar „noch weiter gestärkt".

Ähnlich sieht es auch der britische Zeitgeschichtler Nicholas Stargardt. Durch die Bombardements erhielt die Nazi-Ideologie sogar eine bis dahin unbekannte Überzeugungskraft: „Erst an der Ostfront und in den zerstörten Städten wurde die deutsche Gesellschaft mehr als je zuvor in ihren moralischen Werten nazifiziert und brutalisiert. Erst jetzt paßten die apokalyptischen Prophezeiungen – das ‚Alles oder nichts' – der Nazirhetorik auf die Ereignisse und wurden von großen Teilen der Bevölkerung todernst genommen." Gerade als das Regime an Beliebtheit einbüßte, „sickerten Elemente seiner moralischen und rassistischen Grundstruktur in das Bewußtsein der Leute".

Gewichtiger als solch subtile Argumente gegen die Dauerbombardements waren während des Krieges allerdings ökonomische Einwände. Etliche Strategen hielten die Städtezerstörung schlicht für Ressourcenverschwendung. Das britische Flugzeugbauprogramm beschäftigte im letzten Kriegsjahr rund 1,7 Millionen Menschen, mehr als das gesamte Programm der Landstreitkräfte. Bis zu 40 Prozent der alliierten Kriegsressourcen gingen in den Bomberbau, keine andere Nation hat sich den Luftkrieg so viel kosten lassen wie Großbritannien. Im Jahre 1943, so wurde geschätzt, verschlang jeder Luftangriff etwa eine Million Pfund.

Zudem: Das Töten von Menschen aus der Luft ist fürchterlich „ineffizient". Im Durchschnitt benötigten die Alliierten drei Tonnen Bomben, um einen Zivilisten umzubringen. Nicht zuletzt, um dieses Verhältnis kostengünstiger zu gestalten, entwickelten beide Seiten Massenvernichtungswaffen. Am 8. März 1944 etwa bestellte Churchill bei den Amerikanern eine halbe Million Milzbrandbomben, die er als „eine erste Lieferung" betrachtete. Doch um die eigenen Soldaten bei der Invasion nicht zu gefährden, kamen die tödlichen Sporen nicht zum Einsatz.

Einen anderen Weg, Kosten zu sparen, sahen einige Strategen darin, daß sich die Bomber auf die Infrastruktur des Deutschen Reiches konzentrieren sollten: auf Ölanlagen und die Raffinerien zur Herstellung synthetischer Treibstoffe, auf die Eisenbahnlinien und Flughäfen. 1944 standen Navigationsverfahren bereit, die präzisere Angriffe auf solche Ziele möglich machten.

Wie erfolgreich diese Taktik sein konnte, demonstrierten die Amerikaner im Juli und August 1944, als sie deutsche Ölanlagen bombardierten. Obwohl die US Air Force nur 17 Prozent ihrer Bomberflotte einsetzte, sank die deutsche Ölproduktion innerhalb von zwei Monaten von 715 000 Tonnen auf 472 000 Tonnnen. Die Versorgung der Luftwaffe fiel von 180 000 auf 10 000 Tonnen. Doch schon im September brachen die Alliierten ihre Öl-Offensive wieder ab und verlegten sich erneut vor allem auf Städtebombardements. Erst im Frühjahr 1945 legten sie die Benzinversorgung des Reiches lahm, was zum raschen Kriegsende beitrug. Reichsminister Speer meinte nach 1945, der Krieg wäre weit schneller beendet gewesen, wenn die Präzisionsbombardements früher begonnen hätten.

Nach dem Krieg setzten Briten und Amerikaner Untersuchungskommissionen ein, um die Auswirkungen ihres Bombenkrieges zu bewerten. Die britische Kommission nannte drei Faktoren für den Sieg der Alliierten: die Invasion in Frankreich, den Zusammenbruch der deutschen Industrie und das Austrocknen der Benzinversorgung. Die Bombardierung der deutschen Städte wurde nicht einmal erwähnt.

Mitglieder der amerikanischen Kommission kamen zu der Einschätzung, die Flächenbombardements hätten den Krieg sogar *verlängert*: weil sie die Stadtbevölkerung auf ein Niveau gebracht hätten, auf dem sie wenig industrielle Güter verbrauchte, so daß mehr Ressourcen für die Wehrmacht zur Verfügung standen. Und weil das Flächenbomben viele Kräfte gebunden und von der Bekämpfung militärisch sinnvoller Ziele abgezogen hatte.

Der US-Militärhistoriker Stephen Garrett, der die Argumente in einem Buch sorgfältig abwägt, kommt zu dem Fazit: Spätestens ab 1944 seien die alliierten Flächenbombardements in ihrer Mehrzahl „ein Verbrechen *und* ein Fehler" gewesen.

### „Es mußte sein"

Weshalb wurde dennoch vornehmlich in die Fläche gebombt?

Darüber kann nur spekuliert werden. Eine treibende Kraft hinter den Angriffen war ohne Zweifel Arthur Harris. Seine Hingabe ans *moral bombing* grenzte zuweilen an Befehlsverweigerung: Noch als ausdrücklich angeordnet wurde, die deutsche Ölindustrie zu attackieren, lenkte er die Mehrzahl seiner Bomber gegen Städte – Industrieangriffe nannte er verächtlich „Pflästerchen"-Attakken.

Kritik am Bomber Command galt zudem als unpatriotisch. Die Fliegertruppe genoß in der britischen Öffentlichkeit einen geradezu mythischen Ruf, vor allem, weil sie bis zur Invasion in der Normandie im Juli 1944 den Kampf gegen die Nazis allein geführt hatte. Die Propaganda verklärte die Flieger zu Helden, deren Bombardements wie nichts anderes dem britischen „Nationalcharakter" entsprächen, in dem „Mut und Besonnenheit gepaart" seien, so eine Kriegsbroschüre.

Die Überhöhung hat auf die Bomberpiloten abgefärbt. Professor P. M. S. Blackett, der Chef des Operational Research, der wissen-

schaftlichen Abteilung der R. A. F., sagte dem Bomber Command einen „Jupiterkomplex" nach: Die Piloten hätten sich „als Götter gefühlt, die Blitze in die Niedertracht des Feindes schleudern".

Vor allem aber hatte sich der Bombenkrieg im letzten Kriegsjahr verselbständigt, er lief gleichsam auf Autopilot. Er konnte nicht einmal mehr zwischen Freund und Feind unterscheiden. Zur Vorbereitung der Invasion in der Normandie begannen die Alliierten im Frühjahr 1944 ihre sogenannte Transportoffensive: Um den deutschen Fronttruppen im Westen die Versorgung abzuschnüren, bombardierten R. A. F. und USAF Straßen, Bahnhöfe, Rangieranlagen, Brücken, Kanäle. Viele Angriffe gingen gegen deutsches Gebiet, etliche aber auch gegen Frankreich und Belgien. Bei den alliierten Luftbefehlshabern regte sich anfangs noch Protest, jene zu töten, die es zu befreien galt.

„Viele tausend Franzosen werden in diesen Operationen getötet werden und viele Städte verwüstet", schrieb der Chef der US-Luftstreitkräfte General Carl A. Spaatz an seinen Vorgesetzten General Eisenhower. Er sehe mit „Schrecken eine Militäroperation, die Vernichtung und Tod breit in Länder hineinträgt, die nicht unsere Feinde sind, insbesondere, wo die aus diesen Bombardements zu erzielenden Resultate noch gar nicht als entscheidender Faktor nachgewiesen sind". Churchill sprach knapper vom „Franzosenabschlachten".

Zwei Tage später, am 24. April 1944, griffen US-Bomber die Gleisanlagen im Bischofssitz Rouen an, weite Teile der mittelalterlichen Architektur brannten ab. Bomben fielen auf Lille, auf Löwen, Gent und andere Städte. Die Transportoffensive kostete rund 12 000 Franzosen und Belgier das Leben, „nahezu doppelt so viele Personen, wie Bomber Command 1942 im Deutschen Reich tötete", bemerkt Jörg Friedrich.

Nach der Invasion ging es weiter gegen die zu befreienden Freunde. In Le Havre starben 2 500 Zivilisten, um einen deutschen Verband auszuschalten, gegen Caen flogen die Alliierten mit 2 000 Bombern – mehr als gegen jede andere deutsche Stadt –, um die Front aufzubrechen. 3 000 Menschen starben, der Durchbruch mißlang.

Italiener, Ungarn, Rumänen und Bulgaren erlebten ähnliche Schrecken: „Unser Angriff auf die Rangierbahnhöfe in Bukarest war eine blutige Angelegenheit", schrieb General Ira C. Eaker, Chef der 8. US-Luftflotte. „Wir haben etwa 12 000 Leute getötet, davon 6 000 Flüchtlinge in Zügen." In Lorient, in der Bretagne, erbat Eaker Befehle vom Pentagon, wie er vor der Stadt gelegene Bunker behandeln solle. Die Antwort: „Löschen Sie die Stadt aus, wie die R. A. F. es auch tut." Amsterdam, Nantes, Genua, Paris, Turin, Mailand – für den Bombenkrieg ist der Unterschied zwischen Freund und Feind nicht faßbar. Spätestens angesichts der Verheerungen in Frankreich und Belgien wird deutlich, daß Rache gegen Deutschland als

Erklärung für den Einsatz der alliierten Bomberwaffe nicht ausreicht. Am Ende hatten sich die Mittel völlig vom Zweck gelöst. Ein britischer Beobachter meinte damals, Churchills Regierung werde „von ihrer eigenen Kreatur" beherrscht: „dem Monster des Bomber Command".

Das letzte Aufbäumen der Deutschen entfesselte das Monster noch zusätzlich. Zwei Wochen nach der Invasion in der Normandie ließ Hitler die ersten seiner „Wunderwaffen" nach England schicken, am 17. Juni 1944 die erste V1, später dann V2 – wobei das V für Vergeltung stand. Die überschallschnelle V2 wirkte besonders furchterregend, weil kein Alarm vor ihr warnen konnte und weil, wenn man sie hörte, auch schon der Einschlag erfolgte – die erste ballistische Rakete. Die Hoffnung allerdings, daß sie den Krieg noch wenden könnte, war längst zerstoben. Im Westen standen die alliierten Invasionstruppen, und im Osten wurde die

Als „Wunderwaffe" schicken die deutschen Luftkrieger V1- und die ballistischen V2-Raketen, hier beim Versuchsaufbau im polnischen Blitzna, gegen London und andere Städte.

Mehr als 30 000 Menschen sterben durch die deutschen Raketenangriffe – am 8. März 1945 schlägt eine V2 im Farrington Market im Zentrum Londons ein. 380 Menschen finden den Tod.

Wehrmacht bereits nach Polen zurückgedrängt.

Rund 10 000 Raketen detonierten auf englischem Boden und töteten rund 30 000 Menschen, ein enormer Blutzoll, der nur ein Motiv hatte: Rache. Daß sie nicht brutaler ausfiel, lag nicht an Hitlers Zurückhaltung, sondern allein an der Erschöpfung der Ressourcen. Die Industrie konnte nicht mehr Projektile liefern.

Die deutschen Flugbomben würden „zehnfach, zwanzigfach zurückgezahlt", rief Churchill aus – eine Untertreibung. Für jede deutsche Tonne Bomben auf England gingen im Verlauf des Krieges 315 Tonnen britische auf Deutschland nieder.

Noch schlimmer traf es Japan. Es geriet am 1. November 1944 in die Reichweite US-amerikanischer Bomber, Anfang 1945 begannen die Luftangriffe mit aller Macht, im Juli waren die 66 größten Städte Japans zerstört, Anfang August wurden, mangels größerer Alternativen, Städte mit weniger als 50 000 Einwohnern angegriffen. Innerhalb eines halben Jahres wurde die urbane Welt Japans ausgelöscht. Von einem Bemühen um Präzisionsangriffe auf Seiten der USAF war zu keiner Zeit die Rede.

Weil die meisten japanischen Wohnhäuser aus Holz waren, brannten die Städte rascher als europäische. Am 9./10. März 1945 wurde Tokio bei einem Feuersturm-Angriff weitgehend vernichtet, etwa 90 000 Menschen starben, mehr als bei jedem anderen konventionellen Angriff. Das Wasser in den Kanälen der Stadt wurde so heiß, daß die geflüchteten Menschen darin verkochten. Ende Mai wurde der Rest Tokios mit 3 258 Tonnen Napalm beseitigt. „Wir wußten, wir würden eine Menge Frauen und Kinder töten, indem wir die Stadt abbrennen", sagte anschließend der kommandierende General, Curtis LeMay, „aber es mußte sein." Wieviele Zivilisten bei den nicht-atomaren Bombenangriffen auf Japan starben, ist umstritten, die Japaner reden von 690 000 Opfern, die Amerikaner von 210 000.

Am 9. August 1945 endete der Luft- und Weltkrieg mit dem Abwurf der zweiten Atombombe auf Nagasaki, der erste Atomsprengsatz hatte drei Tage zuvor Hiroshima ausgelöscht.

## Kampagne des Vergessens

Als alles vorbei war, versuchten die Sieger, die Exzesse des Bombenkriegs aus dem Gedächtnis zu tilgen. Noch bevor in Deutschland die letzten Bomben fielen, distanzierte sich Churchill von seiner eigenen Strategie – offensichtlich erschüttert über die Verheerungen des Feuersturms von Dresden, aber auch angesichts der Wahlen, die im Sommer anstanden.

Zwar schrieb er nach dem Krieg, „wir sollten uns niemals für das entschuldigen, was wir den Deutschen angetan haben". Doch er meinte auch, daß die Zerstörung Dresdens „ernsthafte Fragen über die alliierte Bombenkriegsführung aufwirft" und deren „Terror und die wahllose, wenngleich beeindruckende Zerstörung".

Viele sahen es schärfer, etwa der US-amerikanische Schriftsteller Lewis Mumford: Durch die Flächenbombardements habe die demokratisch gewählte britische Regierung „die inhumanen Kampftechniken des Faschismus" übernommen: „Darin bestand der größte Sieg der Nazis und die elendste Unterwerfung der Demokratien." Andere Akzente setzte Mahatma Gandhi, der die Briten mit gewaltlosem Widerstand aus Indien vertrieben hatte: „In Dresden und Hiroshima hat man Hitler mit Hitler besiegt."

In jedem Fall setzte bereits in den letzten Kriegstagen eine „Kampagne des Vergessens" ein (Stephen Garrett). Churchill versuchte vergeblich, die Untersuchungskommission über den Bombenkrieg zu verhindern. Wie um sich zu distanzieren von den eigenen Piloten, wurde den Männern des Bomber Command ein Orden für ihren Einsatz verwehrt, obwohl sie die höchsten Verluste aller Waffengattungen erlitten hatten. Auch Arthur Harris, einer der ranghöchsten

Offiziere Seiner Majestät und während des Krieges als Kommandeur eines der wichtigsten Truppenteile gepriesen, mußte ohne Ehrung gehen. Verbittert wanderte er nach Südafrika aus, erst 1953 erhielt er die *baronetcy*, einen vergleichsweise niederen Adelsrang. Sein offizieller Abschlußbericht wurde spät veröffentlicht und mit einem Anhang versehen, in dem das Luftfahrtministerium praktisch allen seinen Behauptungen über den Erfolg der Bombardements widersprach, eine Demütigung ohnegleichen. Erst acht Jahre nach seinem Tod, im Jahre 1992, wurde Harris öffentlich geehrt, indem die Königinmutter eine überlebensgroße Statue des Luftmarschalls enthüllte, die Kriegsveteranen gestiftet hatten. Sie steht vor der Kirche der Royal Air Force, St. Clement Danes, nicht weit vom Trafalgar Square im Zentrum Londons. Die Einweihung löste damals

in Großbritannien und Deutschland eine heftige Debatte über Harris' „Werk" aus. Bei den Kriegsverbrecherprozessen in Nürnberg sorgten die Alliierten dafür, daß Bombenangriffe nicht zur Sprache kamen. Telford Taylor, einer der amerikanischen Ankläger, erklärte später, er habe den Bombenkrieg bewußt ausgeschlossen, weil die deutschen Angriffe im Vergleich zu den alliierten „verblaßten".

Die Nazi-Größen auf der Anklagebank versuchten natürlich, die Bombardierungen der Alliierten zu nutzen, um ihre eigene Täterschaft zu minimieren: Die Sieger hätten ebenso große Verbrechen begangen wie die Deutschen, der Prozeß sei eine Farce, ihnen selbst gebühre der Freispruch.

Diese Argumentation hat dazu beigetragen, die öffentliche Debatte über die Bombenangriffe fast 60 Jahre lang zu blockieren. Stets mußte, wer über den Bombenkrieg gegen Deutschland sprach, Applaus von der falschen Seite fürchten oder den Verdacht, deutsche Greueltaten relativieren zu wollen. Doch Verbrechen lassen sich nicht gegeneinander verrechnen. „Lübeck oder Hamburg verkleinern die deutsche Schuld an Auschwitz nicht im geringsten", sagt Wolfgang Sofsky. „Umgekehrt ist es unzulässig, die Planierung von Kassel, Dresden oder Pforzheim mit Treblinka zu rechtfertigen." Zudem besteht ein entscheidender Unterschied zwischen der alliierten und der deutschen Kriegsführung. Die Alliierten mögen brutale Bombardements unternommen haben, aber, so der britische Historiker Nicholas Stargardt, „das Töten von Zivilisten war nicht ihr vordringliches strategisches Ziel: Sie versuchten noch immer, Deutschland zu besiegen." Die deutschen Besatzer in Osteuropa, auf dem Balkan und anderswo dagegen führten ihre Verbrechen gegen die Zivilbevölkerung meist erst nach der Unterwerfung aus. „Die Juden, die in der Ukraine und in Litauen ihre eigenen Massengräber schaufeln mußten und die in die Gaskammern von Belzec, Sobibor, Treblinka und Auschwitz geschickt wurden, fin-

Der letzte Luftangriff des Zweiten Weltkrieges ist einer der verheerendsten: Beim Abwurf der zweiten Atombombe am 9. August 1945 auf die japanische Stadt Nagasaki verbrennen 74 000 Menschen, ungezählte erliegen noch Jahrzehnte später ihren Strahlenschäden.

den auf der Skala deutschen Leids keine Entsprechung", schreibt Stargardt.

**Das Sterben geht weiter**

Im Nachkriegsdeutschland machten sich die Menschen mit erstaunlicher Tatkraft an die Beseitigung der Trümmer. In einer Umfrage nach dem Krieg antworteten auf die Frage: „Was war das Schlimmste für die Zivilbevölkerung während des Krieges?" 91 Prozent mit: die Bombardierungen.

Zugleich wurde die Zerstörung in einer Mischung aus Schuld, Scham, Wut und Verdrängung gleichsam positiv umgedeutet und nicht als Untergang gesehen, sondern als erste Stufe des Wiederaufbaus. Die deutsche Lehre aus den Bombardements lautete: Nie wieder Krieg.

Generäle zogen einen anderen Schluß: Der Bombenkrieg ging weiter. In Madagaskar bombten Franzosen 1948 gegen Aufständische, in diesem heute vergessenen Krieg starben 90 000 Menschen; auf das nach Unabhängigkeit strebende Kenia warfen britische Bomber bis 1955 rund 50 000 Tonnen Bomben nieder; in Vietnam fiel viermal mehr Eisen und Feuer vom Himmel als im gesamten Zweiten Weltkrieg, darunter 373 000 Tonnen Napalm. Die Atombombe animierte das Denken zusätzlich: Die Strategen des Kalten Krieges rechneten für den Fall einer nuklearen Auseinandersetzung allein in Europa mit bis zu 300 Millionen zivilen Toten.

Auch die heutigen Präzisionswaffen ändern an dem vorherrschenden Trend der Kriegführung im 20. Jahrhundert nichts: Die bewaffneten Konflikte werden zunehmend zum tödlichen Risiko für Nicht-Kombattanten. Im Ersten Weltkrieg waren fünf Prozent aller Toten Zivilisten, im Zweiten Weltkrieg waren es 65 und in den Kriegen der 1970er Jahre bereits fast 80 Prozent. Angesichts der verschwindend geringen militärischen Verluste etwa im jüngsten Irak-Krieg dürfte das Mißverhältnis im Zeitalter von Präzisionsbomben und „intelligenten" Waffen eher

noch weiter steigen. Die Technologisierung schützt Soldaten. Und opfert Unschuldige. Das sichtbarste Zeichen dieser Entwicklung bleibt der Bombenkrieg. Er war nicht allein ein Kennzeichen des Zweiten Weltkrieges – er ist bis heute ein Teil der industrialisierten Gesellschaft. Er hat nicht mit den Deutschen angefangen, und er hat mit ihrer Niederlage nicht geendet; allerdings haben sie ihn mit dem Zweiten Weltkrieg auf die bis dahin fürchterlichste Weise entfesselt. Doch er wird weiterhin von Militärstäben in aller Welt geplant, inklusive der „Kollateralschäden".

Nach der Zerstörung das Wunder: Gerade das Ausmaß der Zerstörung läßt den Wiederaufbau, den vor allem die Trümmerfrauen betreiben, um so beeindruckender erscheinen.

Bereits vor dem Beginn des Zweiten Weltkrieges läßt Hitler vor allem in Metropolen wie Berlin Vorbereitungen für den künftigen Krieg treffen und Luftschutzübungen durchführen. Zudem läuft ein großes Bunkerbau-Programm an. Viele Keller werden zu Luftschutzräumen ausgebaut und entsprechende Wegweiser montiert.

Gegenüberliegende Seite: Um die Bevölkerung auf den nahenden Bombenkrieg vorzubereiten, hält die Hitlerjugend noch zu Friedenszeiten überall im Deutschen Reich „sportliche" Übungen ab, zum Beispiel Löscharbeiten mit aufgesetzten Gasmasken.

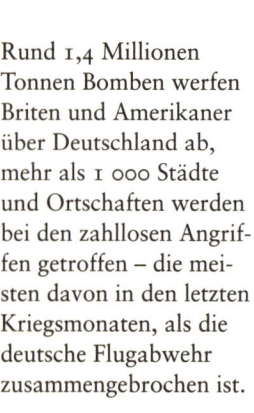

Rund 1,4 Millionen Tonnen Bomben werfen Briten und Amerikaner über Deutschland ab, mehr als 1 000 Städte und Ortschaften werden bei den zahllosen Angriffen getroffen – die meisten davon in den letzten Kriegsmonaten, als die deutsche Flugabwehr zusammengebrochen ist.

Gegenüberliegende Seite: Die Mehrzahl der am Tage anfliegenden US-amerikanischen Piloten sieht aus 4 000 bis 6 000 Meter Höhe nicht ihr Angriffsziel, sondern nur die unter ihnen herabstürzenden Bomben, die Schrapnellwolken explodierender Flakgeschütze sowie die Kondensstreifen jener Flugzeuge, die unter ihnen fliegen.

Gegen Ende des Krieges
sind viele Sirenen zer-
stört, und die Luftschutz-
warte kündigen – hier
in einem Hinterhof in
Berlin – die Fliegeralarme
mit einem Gong an.

Für die Menschen dehnen sich die vielen in Kellern und Bunkern verbrachten Stunden zu immer traumatischeren Schreckenszeiten: Nach schweren Bombenangriffen verlassen Überlebende mit ihren wenigen Habseligkeiten den Schutzraum, die Todesangst läßt sich an ihren verstörten Gesichtern ablesen.

Aus Angst vor Angriffen mit Giftgas experimentieren die deutschen Behörden eine Zeitlang mit Schutzanzügen auch für Mütter und Kinder. Obwohl alle Kriegsparteien chemische und biologische Waffen entwickeln und zum Beispiel Churchill große Mengen Milzbrand-Bomben in den USA bestellt, werden diese Waffen aus Angst vor Vergeltungsangriffen nicht eingesetzt.

Gegenüberliegende Seite:
Je mehr Männer an die Front kommandiert werden, desto stärker werden Frauen im Brandschutz eingesetzt, wie hier bei einer Luftschutzübung Mitte 1942, bei der sie in Gasmasken, Feuerwehranzügen und mit Wassereimern die Bekämpfung eines Dachstuhlbrandes simulieren.

Vorangehende Doppelseite:
Vor den Bomben fliehen die Menschen in die Tiefe – in U-Bahnschächte, in Keller, in Bunker, in Kirchengewölbe, zuweilen in die Kanalisation. Dort sind die meisten sicher, aber die Angst und die Ohnmacht sind schier unerträglich, und die Geräusche sowie das Heben und Senken der Schutzräume unter den Detonationen sollten die meisten Überlebenden noch Jahrzehnte später in ihren Alpträumen überfallen.

Nach dem alliierten Luft-
angriff vom 31. Mai
1942 auf Köln steht eine
Frau fassungslos vor der
brennenden Fassade
eines Drogeriegeschäftes.

Gegenüberliegende Seite:
Ausgebombte können oft
nur das Nötigste bergen,
einen Koffer mit Papie-
ren, Kleidung oder lieb-
gewonnenen Erinne-
rungsstücken. Es gilt vor
allem, in meist panischer
Hast das eigene Leben zu
retten.

In vielen Städten werden KZ-Häftlinge eingesetzt, um die – besonders nach Feuerstürmen – bis zur Unkenntlichkeit verbrannten Opfer des Bombenkrieges zu bergen. Die Arbeit ist nicht nur unsagbar grauenhaft, sondern auch lebensbedrohlich, denn etliche Gefangene werden erhängt, wenn sie bei Aufräumarbeiten Wertgegenstände auch nur berühren.

Gegenüberliegende Seite: Nach den schweren Angriffen auf Köln am 28./29. Juni 1943 liegen die Leichen von Frauen und Kindern zwischen den Trümmern einer zerstörten Arbeitersiedlung. In vielen Orten werden die Opfer des Luftkrieges in Massengräbern beerdigt oder in improvisierten Krematorien verbrannt.

Gegenüberliegende Seite: Erst spät im Krieg, als die Alliierten den Luftraum über Deutschland kontrollieren und die Reichweite ihrer Flugzeuge ausreicht, werden auch die süddeutschen Städte wie München (im Hintergrund die Frauenkirche) Zielorte der Angriffe – dann aber trifft sie die ganze Wucht der Bomberflotte, und sie werden in kürzester Zeit zerstört.

Im Laufe des Krieges verändern die sich auftürmenden Trümmer die Stadtlandschaften derart, daß selbst langjährige Bewohner sich mit der Orientierung schwertun. So sieht die historische Altstadt von Frankfurt/M. nach dem Großangriff von 1944 aus; die Silhouette des Rathauses, des berühmten „Römers", ist im Hintergrund zu erkennen.

Zahlreiche Angriffe hat auch Bremen zu überstehen. Die Innenstadt und angrenzende Gebiete werden schwer getroffen. Auch in der Hansestadt werden KZ-Häftlinge bei der Beseitigung von Trümmern und der Bergung von Leichen eingesetzt – hier in der Straße Contrescarpe.

Vorangehende Doppel-
seite:
Entgegen den Erwartun-
gen der Luftkriegsplaner
sind zerbombte Städte
besonders gut zu vertei-
digen: Die unübersicht-
liche Trümmerlandschaft
schützt die Verteidiger,
was vor allem die Rote
Armee verlustreich er-
fahren muß, als sie sich
im Frühjahr 1945 Haus
für Haus durch Berlin
kämpft. Erst als alles
vorüber ist, wagen sich
die Bewohner wieder
aus ihren Behausungen –
wie hier in der Fran-
zösischen Straße –, um
einer ungewissen Zu-
kunft zu begegnen.

Gegenüberliegende Seite:
Der Schrecken auf den
Gesichtern wie bei diesen
Überlebenden in Mann-
heim 1944 verliert sich
mit der Zeit, der Horror
in der Seele bleibt. Die
psychischen Traumata
der Bombenopfer werden
im Nachkriegsdeutsch-
land lange ignoriert,
zunächst, um den Wie-
deraufbau nicht zu unter-
laufen, später, weil die
Beschäftigung mit den
Leiden des eigenen
Volkes als politisch nicht
opportun erscheint.
Erst heute wenden sich
vereinzelt Psychiater den
Spätfolgen zu.

In den Trümmern geht
das Leben mit viel
Improvisation weiter, wie
hier in Nürnberg mit
einer behelfsmäßigen
Wasch- und Kochstelle.

Die Reaktion der
deutschen Bevölkerung
auf die Luftangriffe
haben die Luftstrategen
völlig falsch eingeschätzt
und angesichts der Zer-
störungen eine Revolte
gegen Hitler erwartet.
Doch wer ausgebombt
ist, denkt nicht an
Aufstand, sondern nur
an die nächste Mahlzeit.

# Feuersturm.
# Die Nacht, als Hamburg unterging

Aus 4 000 Meter Höhe fällt eine Bombe 30 bis 40 Sekunden lang, bevor sie auf dem Boden detoniert. Sie stürzt nicht senkrecht hinab, sondern trudelt auf einer parabelförmigen Kurve, wird im Fallen von Aufwinden gebremst, von Querwinden abgelenkt, und wenn sie den Boden erreicht, ist der Bomber, der sie abgeworfen hat, bereits drei Kilometer entfernt.

In der Nacht des 28. Juli 1943 stürzt die erste Brandbombe um 01.02 Uhr aus dem Schacht einer viermotorigen britischen Lancaster auf Hamburg. Der Brandsatz vom Typ No. 15 wiegt vier Pfund, ist 55 Zentimeter lang und sechseckig, um besser in die Schüttwannen der Flugzeuge zu passen. Er besteht aus einer brennbaren Zink-Magnesium-Legierung. Beim Aufprall zündet ein Schlagbolzen 17 Thermitpillen, eine Stichflamme schießt hervor, verzehrt den gesamten Bombenkörper und erlischt nach acht Minuten.

In dieser Zeit muß die weiß lodernde Flamme etwas Brennbares gefunden haben, einen Stapel Zeitungen, einen Vorhang, ein Kinderbett, sonst verpufft die Wirkung. Die Brandbombe ist nur der Zünder. Das Material des Brandes ist die Stadt selbst.

### Das Fanal

Um 02.25 Uhr trägt der Dienstführer in der Luftschutzleitung Hamburg erstmals jenen Begriff in seine Kladde, der für immer mit dieser Nacht verbunden sein wird: „Feuersturm". Er muß ihm eingefallen sein angesichts dessen, was ihm seine Außenposten melden. Später schreibt er, um Steigerung bemüht: „Ungeheurer Feuersturm". Und schließlich: „Ein Flammenmeer – ganz verheerend".

Es ist der zweite von sechs Angriffen, die die Hansestadt innerhalb von zehn Tagen treffen, und er ist mit weitem Abstand der entsetzlichste. In dieser Nacht brennt ein Großteil des Hamburger Ostens ab. Eine solche Feuersbrunst hat es in der Geschichte noch nicht gegeben: Innerhalb weniger Stunden ersticken oder verbrennen etwa 35 000 Menschen. Ein Gebiet, in dem vor dem Angriff fast eine halbe Million Menschen gelebt haben, wird auf Jahre unbewohnbar. Nie zuvor hat ein einziger Luftangriff eine solche Katastrophe ausgelöst. Im Verlauf des Krieges wird es weitere Feuerstürme geben, die verheerendsten in Dresden, Pforzheim und Tokio. Doch Hamburg bleibt das Fanal, der Auftakt des Totalen Bombenkrieges.

In jener Nacht beweist das Militär endgültig, daß es mit vergleichsweise geringem technischem Aufwand Zivilisten in ungeheurer Zahl umbringen kann. Es ist das Ende jeder Verhältnismäßigkeit, auch auf Seiten der NS-Gegner. Der Bombenkrieg wird zu einer Industrie, deren Produkt der massenhafte Tod ist. Die Atombombe wird dieses Prinzip nur vervollkommnen.

### „Jetzt ist Hamburg dran"

Am Nachmittag des 27. Juli, etwa zehn Stunden bevor der Feuersturm losheult, packt Elfriede Sindel aus Hamburg-St. Georg einen kleinen Lederkoffer. Der Vater will, daß sie und ihre Mutter in den Erdbunker am Berliner Tor gehen. Die 14jährige legt ihr Lieblingsbuch über die ehemaligen deutschen Kolonien in Afrika und ihre Schildkröt-Puppe namens „Deloris" in den Koffer. Die Puppe hat kaffeebraune Haut und blaue Augen. Bei allem kann Elfriede einen Lachreiz nur mühsam unterdrücken: Die ernsten Gesichter ihrer Eltern, die ängstliche Stimmung, aus unerfindlichen Gründen findet sie die Situation komisch, ja lachhaft.

Es ist das erste Mal, daß ihr Vater sie in den Bunker schickt. Man ist lange Zeit sorglos gewesen in Hamburg. Bis zu diesem Juli ist die Stadt 141 mal angegriffen worden, zum ersten Mal am 17./18. Mai 1940, aber die Schäden waren fast immer gering. Zudem häuften sich die Fehlalarme, da die Bomberströme immer wieder an Hamburg vorbeizogen. Für genau 378 294 der insgesamt 1,5 Millionen Bewohner stehen Schutzräume in Bunkern und Kellern bereit, wie die NS-Bürokratie mit der ihr eigenen Akribie errechnet hat. Aber auch von jenen, die einen Schutzplatz haben, machen sich nicht viele bei jedem Alarm die Mühe, die Bunker oder die Keller aufzusuchen. Das ist jetzt anders.

Denn zwei Nächte zuvor haben mehr als 700 britische Bomber weite Gebiete des Hamburger Westens zerstört – Altona, St. Pauli, Eimsbüttel. Elfriedes Vater arbeitet als Wachtmeister bei der Polizei und hat bei den Rettungsarbeiten geholfen. Mit dem heiseren Kratzen einer Rauchvergiftung berichtet er von den Verwüstungen: rund 1 500 Tote, noch immer brennen viele Häuser, Qualm hängt über den Trümmern, über ausgebombten, verstörten Menschen. Es ist einer der schwersten Angriffe gewesen, der bis dahin eine deutsche Stadt getroffen hat. Rund 35 000 Mann und alle 700 verfügbaren Löschzüge der Feuerwehr waren im Einsatz, das Chaos zu bewältigen. Im Polizeipräsidium, erzählt der Vater, wird normalerweise jede Schadensmeldung mit einer Nadel in der Lagekarte verzeichnet. In der Nacht des ersten Angriffs auf Hamburg haben die Beamten aufgegeben: Es waren mehr Notrufe als verfügbare Nadeln.

Viele Menschen glauben, daß dieser Angriff erst der Auftakt sei. Es wird gemunkelt, die Engländer hätten Flugblätter abgeworfen: „Jetzt ist Hamburg dran!" Doch solche Ankündigungen hat es nie gegeben, die Royal Air Force warnt die Opfer nicht. Die Gerüchte spiegeln allein die Furcht der Menschen. Elfriede Sindel aber kann das Kichern nicht lassen, noch im Bunker schilt ihre Mutter sie, endlich ernst zu sein.

### Junge Männer auf „Tour"

Frank Wolfson fliegt seinen Bomber in weiten Schwüngen über den nächtlichen Himmel; wie in einer Schaukel läßt er die 30 Tonnen schwere, viermotorige Lancaster

Aufrüsten zur „Operation Gomorrha": Wenige Stunden vor dem Start werden die britischen Lancaster-Bomber aufmunitioniert mit schweren Sprengbomben sowie mit sechseckigen Brandbomben vom Typ Nr. 15, die aus Schüttwannen über die Stadt gekippt werden.

Rund 700 britische Maschinen zerstören am 25. Juli weite Gebiete im Westen Hamburgs, in Altona, Eimsbüttel, St. Pauli. Es ist der schwerste Angriff, den die Royal Air Force bis dahin gegen eine deutsche Stadt geflogen hat. Aber es soll noch viel schlimmer kommen.

von links nach rechts und zurück schwingen. Das *swaying* ist überaus kraftraubend, weil den Höhen- und Seitenrudern die Servounterstützung fehlt, und es birgt stets die Gefahr, in der Dunkelheit mit einem anderen Bomber zusammenzustoßen. Aber es vermindert das Risiko, von einem deutschen Jäger oder den Flugabwehrkanonen (Flak) abgeschossen zu werden. *Level*, also stur geradeaus, fliegen nur Draufgänger und Schwachköpfe.

Gemeinsam mit Wolfson nähern sich mehr als 700 Bomber Hamburg. Sie fliegen im sogenannten „Bomberstrom". Der Theorie nach ist das eine – bei 700 Maschinen – rund 325 Kilometer lange Formation, in der die Bomber geordnet ihre Bahnen ziehen. In der Praxis ist es ein Durcheinander aus Flugzeugen, die durch die Nacht schwingen, aufgrund von Motorschäden zurückfallen oder brennend hinabstürzen – eher ein nervöses Rudel als ein disziplinierter Verband.

Der 21jährige Wolfson fliegt seine 18. Mission. Damit zählt der Flight Sergeant bereits zu den Veteranen. Er sitzt vorn links in der Pilotenkanzel, einen Co-Piloten gibt es in der Lancaster nicht; es ist ohrenbetäubend laut und stickig, weil eine Warmluftdüse unter dem Pilotensitz endet. Schräg unterhalb von Wolfson sitzt der Flugingenieur, dahinter kauern in der 21 Meter langen Maschine fünf weitere Crew-Mitglieder: Navigator, Funker, Bombenschützen und MG-Schützen, die sich oft mit *wakey-wakey*-Pillen wach halten, Aufputschmitteln wie Benzedrine. Sie sind alle um die 20 Jahre alt, haben sich freiwillig gemeldet und auf mindestens 30 Einsätze verpflichtet. Die Chancen, daß sie eine solche „Tour" überleben, sind gering: Im Kriegsverlauf überlebt nur jeder Dritte mehr als 30 Feindflüge. Die Männer sind bei der Royal Air Force (R. A. F.), weil sie das Fliegen aufregend finden oder weil sie ihre Pflicht tun wollen, um Hitler niederzuringen. Es sind Abenteurer und Idealisten in einem, „wir waren jung, wir suchten die Herausforderung", erinnert sich Wolfson. Seine Lancaster hat er auf den Namen „Werewolf" getauft: „Ein Mensch am Tag, eine Bestie in der Nacht". Umfragen unter den Piloten zeigen, daß drei Viertel von ihnen keinen Haß gegen das deutsche Volk empfinden. Sie erledigen einen Job. Im Bombenschacht von Wolfsons Maschinen hängen beim Anflug auf Hamburg 2 832 Brandbomben vom Typ Nr. 15 sowie eine 2 000-Kilogramm-Bombe, die *cookie* genannt wird, Keks.

Es ist verteufelt schwierig, nachts und in vier bis sechs Kilometer Höhe eine verdunkelte Metropole zu finden, auch wenn sie die Größe Hamburgs hat. Die Navigationshilfen der Flieger sind erbärmlich, kein Vergleich mit heutigen Präzisionsinstrumenten.

Im Verlauf des Krieges treffen 20 Angriffe, die eigentlich Kiel oder Lübeck gelten, aus Versehen Hamburg. Die Piloten verfliegen sich, weil Wolken das Ziel verschleiern oder weil sie die Elbe mit der Ostsee verwechseln, weil ihre Instrumente ausfallen oder weil Attrappen sie verwirren: 16 Kilometer elbabwärts etwa steht eine beleuchtete Tarn-

Hunderttausende von Brandbomben werden in der Nacht vom 27. auf den 28. Juli auf Hamburg geworfen und entfachen den orkanartigen Feuersturm mit Temperaturen von mehr als 1 000 Grad Celsius. Auf einem britischen Stützpunkt werden Brandbomben für den Einsatz vorbereitet.

„Vor allem werde ich dafür sorgen, dass der Feind keine Bomben werfen kann!" Göring, 9. September 1939

**Bis zum 25. Mai 1943 hat die R.A.F. die ersten 100 000 t Bomben auf Deutschland abgeworfen**

„Die nächsten 100 000 t werden noch wirksamer sein und werden rascher kommen." Air Marshal Harris, 30. Mai 1943

Flugblatt der Engländer aus dem Jahr 1943

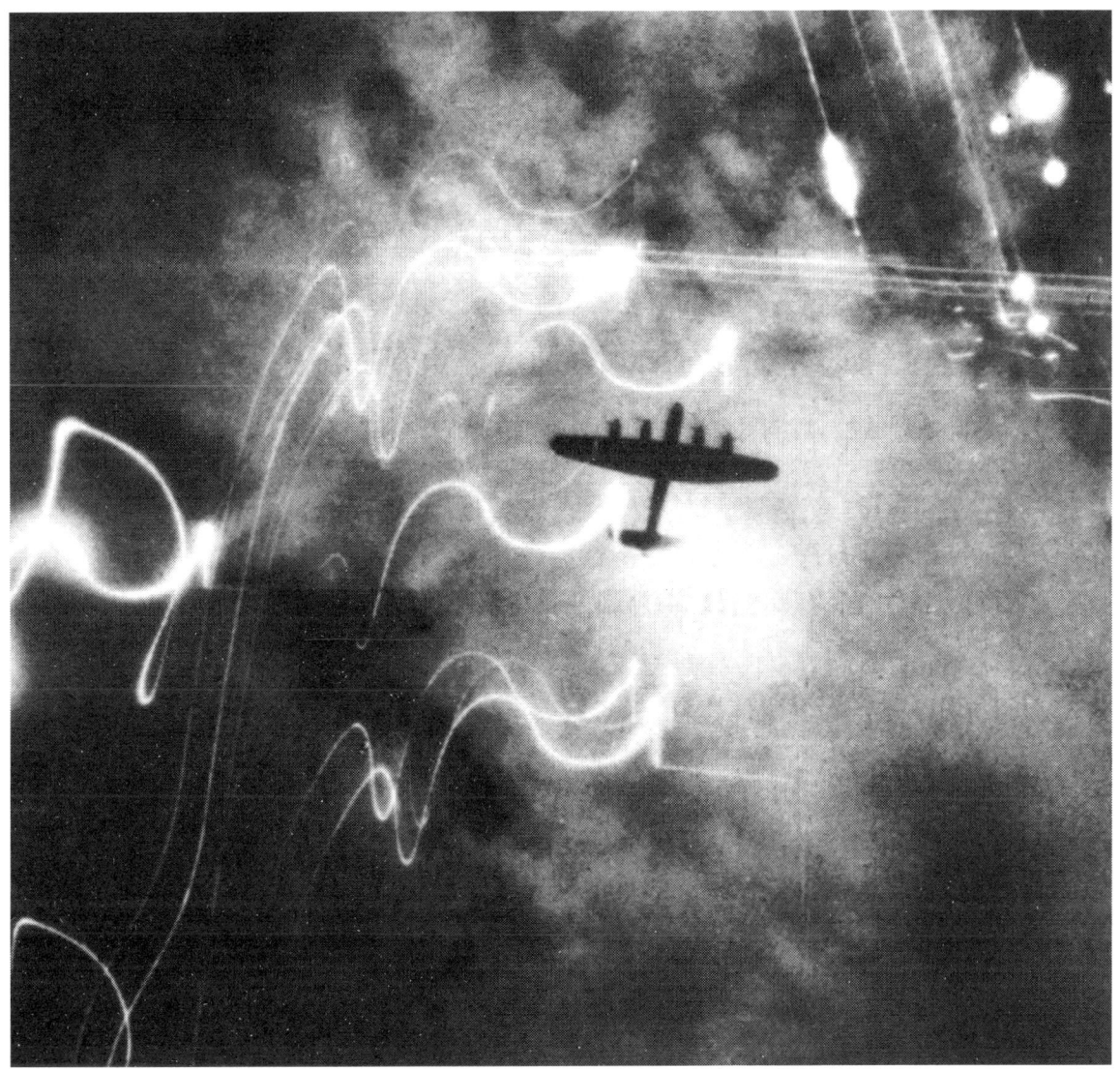

Beim Anflug der Lanca-
ster-Bomber auf Ham-
burg malen Zielmarkie-
rungen, Flakfeuer und
Scheinwerfer Lichtzei-
chen in den Himmel, die
durch die lange Belich-
tungszeit der Nachtauf-
nahme zu Schlieren ver-
wischen.

anlage, die der Hamburger Binnenalster gleicht und von ihr ablenken soll. Einmal lassen sich Piloten tatsächlich täuschen und zu einem Angriff auf die Holzimitation verleiten; dabei wird die Kleinstadt Wedel im Westen von Hamburg vernichtet.

Im Frühjahr 1943 kommen etwas verläßlichere Leitsysteme zum Einsatz, die von englischen Bodenstationen Peilstrahlen in den deutschen Luftraum schicken und den Flugzeug-Navigatoren verraten, wo am Nachthimmel sie sich ungefähr befinden. Einige Flieger verfügen zusätzlich über das H2S-Bordradar, das allerdings nur vage Kontraste auf einen winzigen Bildschirm projiziert: Wasser erscheint dunkel, Land hell, eine Stadt glänzend. Die Umrisse gleicht der Navigator an Bord mit einem Bodenatlas ab, doch immer wieder kommt es zu Verwechslungen.

Um die markanten Konturen der Binnenalster zu verschleiern und den britischen Piloten die Zielpeilung zu erschweren, ist das Gewässer mit hölzernen Tarnbauten camoufliert. Dies soll vor allem die strategisch wichtige Lombardsbrücke schützen, was auch gelingt: Sie übersteht den Krieg unzerstört.

Bereits am 27. Mai 1943 hat der Chef der britischen Bomberflotte, Arthur „Butch" Harris, im streng geheimen Einsatzbefehl Nr. 173 seine Pläne für die Hafenstadt in schmerzhafter Knappheit formuliert: „Absicht: Hamburg zu zerstören". Ob er dabei an einen Feuersturm dachte, ist unklar. Aber seit langem experimentiert die Royal Air Force mit unterschiedlichen Abwurfmustern und Munitionsmischungen, um Städte möglichst effizient in Brand zu setzen.

Die Piloten erfahren von Harris' Absicht nichts. Für sie heißt es wie immer: Industrie- und Militärziele. Von Wohnvierteln, von Zivilisten ist bei keinem Einsatz die Rede. Aber es wäre ihnen auch egal gewesen, sagt Wolfson. Sie befinden sich im Krieg, und Coventry und London sind ebenfalls bombardiert worden. Den Codenamen, den Harris für die Angriffe auf Hamburg gewählt hat, nehmen sie ohne Schaudern hin: „Operation Gomorrha".

### Eine zauberhafte Sommernacht

Die Nacht auf den 28. Juli ist ungewöhnlich warm, der ganze Monat war es, an diesem Abend liegt die Temperatur noch um 18 Uhr bei 30 Grad. Im Osten Hamburgs füllen sich die Lokale und Cafés mit Menschen, trotz des Angriffs vor 48 Stunden auf den Westen. Man trinkt „Lütt un Lütt": Bier und Kümmel für 15 Pfennig.

Auf den Straßen tauschen einige Kinder Granatsplitter; es gibt blaue, rote, gelbe, grüne, und je größer sie sind, um so mehr Murmeln und Briefmarken lassen sich dafür erwerben. Andere Kinder spielen „Bombenkrieg", das ist beliebt in diesen Tagen. Die Mädchen sind die britischen Bomber, die Jungen die deutschen Jäger, die die Feinde abschießen, also auf den Boden niederringen. Annäherung in den Zeiten des Krieges. In Hamm und Borgfelde leben vorwiegend Handwerker und kleine Beamte, manche Straßen werden von stuckverzierten Häusern aus der Gründerzeit gesäumt. Die

Wohlhabenderen unter den Bewohnern tragen Unterwäsche aus Kunstseide, ein Fehler, von dem sie noch nichts ahnen: Das Material brennt besonders gut.

Im benachbarten Hammerbrook und Billwärder Ausschlag leben dicht gedrängt Arbeiter. In den schmalen Straßen und Hinterhöfen, Terrassen genannt, steht kaum ein Baum, auf den Balkons türmen sich Kaninchenställe, Kohlensäcke, Zinkwannen, die Wohnungen sind eng und mit kinderreichen Familien belegt. In den Hinterhöfen Gewerbe und Handel: Trylisin-Haarwasser, J. J. Darboven Caffee en gros & en detail, Budnikowsky Bruch-Seife.

1933 waren hier fast 50 Prozent der Männer arbeitslos, aber die NSDAP erhielt nirgendwo in Hamburg so wenige Stimmen wie in dieser Arbeitergegend. In Hamm dagegen votierten die kleinen Beamten und Angestellten überdurchschnittlich oft für Hitler. Der Unterschied aber ist bedeutungslos. Beide Stadtteile werden in dieser Nacht zu 99 Prozent zerstört.

Um 23.38 Uhr werden die Flak-Stellungen über die nahende Bomberflotte informiert, Luftalarm 30. Per Radio wendet sich Staatssekretär Georg Ahrens an die Einwohner: „Starke Anflüge auf Hamburg. In wenigen Minuten fallen die ersten Bomben. Suchen Sie die Luftschutzkeller auf." Wegen seiner ruhigen Stimme wird Ahrens nur „Onkel Baldrian" genannt. Um 23.40 Uhr ertönen drei an- und abschwellende Sirensignale – Fliegeralarm.

Dann senkt sich eine große, irreale Ruhe über die dunkle Stadt. Eine Frau aus Hamm erinnert sich: „Es war vollkommen still. Keine Flugzeuge. Keine Flak. Eine zauberhaft schöne Sommernacht."

Die Zahl der Plätze in den besonders sicheren Bunkern ist begrenzt, und Platzkarten erhalten nur Anwohner ohne geeignete Luftschutzkeller. Wer bei drei Angriffen hintereinander den Bunker nicht aufsucht, verliert sein Anrecht.

141mal ist Hamburg bis zum Juli 1943 angegriffen worden, doch längst nicht alle Bewohner haben sich daran gewöhnt, bei Alarm die Schutzräume aufzusuchen.

Otto Sander verschläft. Der 24jährige Bäcker war einer der besten Langstreckenläufer des Reiches – 31 Minuten über 10 000 Meter –, zweimal ist er gegen den später berühmten Emil Zatopek gelaufen, einmal hat er ihn besiegt. An der Ostfront wurde sein linker Unterarm zerschossen, jetzt bildet er in einer Hamburger Kaserne Rekruten aus.

Sander und seine Frau überhören die Sirenen, erst das einsetzende Flakfeuer weckt sie. Sie rennen zum Hochbunker am Hammer Deich, wo Sanders Schwiegermutter bereits ungeduldig wartet. Sie gehören zu den letzten, die eingelassen werden, hinter ihnen schlagen die schweren Stahltüren zu. Ein typischer Bunker. Wände und Decken sind bis zu zwei Meter dick, das verlangt die Norm für den „Volltrefferschutz". Auf drei Etagen sitzen rund 300 Schutzsuchende dicht gedrängt auf schmalen Bänken, zwischen den Füßen die Koffer mit dem Notwendigsten. In separaten Räumen sitzen Schwangere und Stillende, Alte und Gehbehinderte.

Neben den Menschen aus der nächsten Umgebung drängen sich Zugereiste, Ausgebombte und Soldaten in die engen Räume, manchmal gibt es Streit um die knappen Plätze. Juden, Fremdarbeiter und Kriegsgefangene dürfen nicht in die Bunker, aber wenn Platz ist, werden sie in seltenen Fällen eingelassen.

Es herrscht wie immer eine Art hysterischer Ruhe im Bunker. Einige reden unablässig vor sich hin, andere schweigen in stummer Todesangst, einige weinen, andere wünschen sich mit Galgenhumor „BoLoNa", die Kurzformel für: BombenLose Nacht.

### Im Schutze von „Window"

Die letzten Kilometer sind bei einem Angriff die schlimmsten. Frank Wolfson muß die Maschine *level* halten, gerade, damit die Bomben beim Abwurf nicht verkanten. Normalerweise ist das die gefährlichste Phase des Fluges, und die Piloten steuern durch einen Schleier aus detonierenden Flakprojektilen.

Die Fotoaufnahme vom 28. Juli 1943 zeigt den Hochbunker am Hammer Deich, in den sich Otto Sander mit Frau und Mutter flüchtet. Der Bunker bietet 505 Liege- und 510 Sitzplätze, doch in der Feuersturmnacht ist er vermutlich weit über die offizielle Kapazität hinaus belegt.

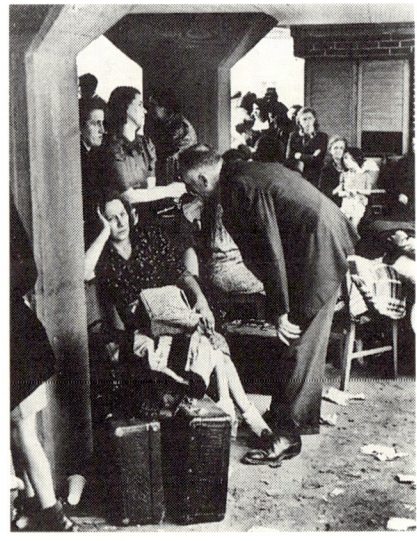

Während eines Fliegeralarms suchen diese Hamburger im Eingangsbereich des Reeperbahn-Tiefbunkers Schutz.

Aber diesmal ist alles anders. Die Flak ist blind, die deutschen Jäger sind ohnmächtig. Denn bei den Juli-Angriffen auf Hamburg setzen die Briten erstmals eine Wunderwaffe ein: Rund 55 Kilometer bevor die Flugzeuge die deutsche Nordseeküste erreichen, haben die Bombenschützen begonnen, bündelweise Stanniolstreifen abzuwerfen.

Die 24,8 Zentimeter langen und zwei Zentimeter breiten Metallfolien mit dem Tarnnamen „Window" sind auf die halbe Wellenlänge der deutschen Radargeräte zugeschnitten. In der Luft entfalten sie sich zu reflektierenden Wolken, die unzählige Radarechos erzeugen. In der Jägerleitzentrale in Stade glauben die Offiziere zunächst, es seien mehr als 10 000 Bomber im Anflug.

In jahrelanger Arbeit haben die deutschen Flugabwehrtruppen den „Kammhuber-Riegel" aufgebaut, benannt nach dem deutschen General der Luftabwehr, Joseph Kammhuber. Der Riegel ist ein von Holland bis zur dänischen Küste reichender, tief gestaffelter Sperrwall aus Horchstationen, Radarposten, Scheinwerferabteilungen und Batterien von Flugabwehrkanonen. Über dieses Bollwerk spannen sich sogenannte „Himmelbetten", Luftsektoren, in denen deutsche Piloten radargeleitet Jagd auf britische Bomber machen. Und das mit einigem Erfolg: mal schießen sie zehn, mal 15 Prozent der Flugzeuge aus dem feindlichen Verband.

Die britischen Lancaster sind weitgehend schutzlos, das Bord-MG ist schwach, und der Schütze, eingezwängt bei minus 50 Grad in seiner gläsernen Plexiglaskanzel, ist nach dem langen Flug meist zu langsam für die deutschen Jäger, die wie Schatten aus dem Nichts auftauchen. Die Dunkelheit ist der einzige Verbündete der Angreifer.

Deswegen hassen die britischen Piloten den Mond, dessen Licht die Flugzeug-Silhouetten gegen das Firmament paust, und sie hassen die bläulichen Suchscheinwerfer, die den Himmel bis in 13 Kilometer Höhe abtasten und, wenn sie fündig werden, die Bomber in einen Käfig aus blendendem Licht einsper-

ren. Dann bleiben dem Piloten wenige Sekunden, um im Sturzflug zu entfliehen, während die Flak-Granaten näherrücken, die jeweils in 1 500 Splitter explodieren und noch in zehn Meter Entfernung ein Flugzeug auseinanderreißen und es auf 180 Meter schwer beschädigen. Nichts Schlimmeres, als im Licht gefangen zu sein, die näherkommenden Detonationen zu hören, die das Flugzeug schütteln wie „ein Hund eine Ratte" und deren Splitter auch bei kleinen Verletzungen töten: Weil der Luftdruck in der Höhe geringer ist, tritt viel Blut aus.

Doch in dieser und den anderen Juli-Nächten ist alles anders über Hamburg. „Windows" macht die deutsche Abwehr blind. Als die erste Wolke von Stanniolstreifen durch die Luft schwebt, ist die Kammhuber-Linie wertlos, geblendet von unzähligen

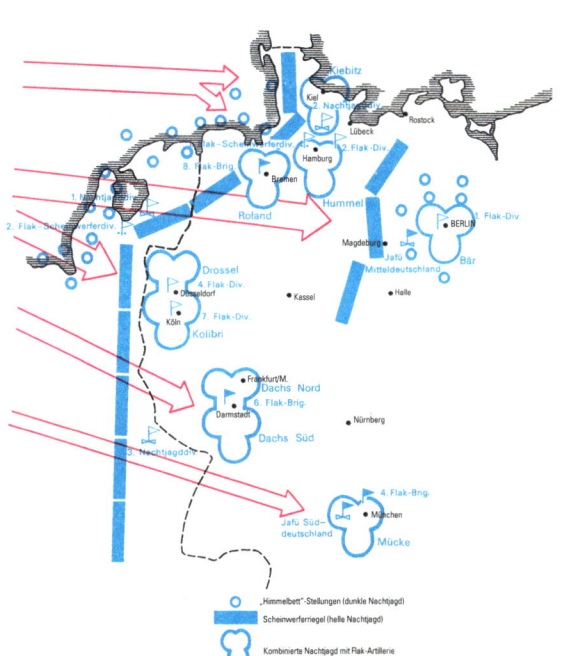

Doch bei den Juli-Angriffen auf Hamburg wird die Abwehrfront durch das simple „Window" ausgeschaltet: Millionen von Stanniolstreifen setzen die deutschen Radaranlagen außer Gefecht und reduzieren die englische Verlustrate dramatisch.

Mit dem sogenannten „Kammhuber-Riegel", einer Abwehrkette aus Radar- und Flakstellungen sowie Jagdverbänden, will die deutsche Abwehr die angreifenden Bomberflotten frühzeitig aufspüren und bekämpfen.

Radarreflexen. Die Scheinwerfer irren ziellos über den Himmel, die Jagdflieger greifen flatterndes Stanniol an, die Flak feuert 50 000 Schuß ziellos in die Nacht. Die Engländer hören den deutschen Funkverkehr ab und registrieren bei ihren Gegnern nichts als „Überlastung und Verwirrung, Wut und Angst".

Für die britischen Piloten bedeutet das: praktisch keine Verluste. Bis sie nach dem Angriff wieder die offene Nordsee erreichen, werfen sie 90 Millionen Stanniolstreifen ab, die Deutschen können den Blendvorhang zu keiner Zeit durchdringen – das hat, gemessen an der zu erwartenden Abschußquote, rund 100 englischen Besatzungen das Leben gerettet.

Die Piloten können sich ganz auf den Zielanflug konzentrieren, an den sich Frank Wolfson als „äußerst ruhig und gesittet" erinnert. „Es war die reine Magie, ein wundervoller Angriff."

## Die Stadt wird markiert

Um 700 Bomber ins Ziel zu führen, fliegen speziell ausgerüstete Maschinen dem Bomberstrom voran. Sie heißen *Pathfinder*. Die Pfadfinder tragen keine Bomben, sondern allein Leuchtmarkierungen, die sie so exakt wie möglich über dem Ziel zu plazieren versuchen. Hamburg markieren sie nach der Paramatta-Methode.

Erst setzen sie über dem Ziel sogenannte *white flare*: intensiv strahlende Lichtkaskaden, die am Boden wegen ihrer Dreiecksform Tannenbäume genannt werden. Bevor diese nach wenigen Minuten verlöschen, illuminieren sie das zu zerstörende Gebiet so hell, daß nachfolgende Pfadfinder die eigentlichen Zielmarkierungen in den Himmel über Hamburg legen können. Am 27./28. Juli sind es gelbe Lichtpunkte. Sie schweben zwar drei Kilometer östlich von dem eigentlichen Zielpunkt, der Nikolaikirche im

Sieben Männer zwängen sich in den 21 Meter langen, engen Rumpf der Lancaster, darunter der Navigator, der die Maschine zum Zielpunkt führen muß.

Kaskaden von Zielmarkierungslichtern, die sogenannten Tannenbäume, erwarten die angreifenden Maschinen. Sie dienen zur Orientierung für den zielgenauen Abwurf der Bomben.

Wie Finger aus Licht
greifen die Scheinwerfer-
batterien nach den
angreifenden Flugzeugen
und sollen der Flak
den Weg zu ihren Zielen
weisen.

Im Juli 1943 aber schie-
ßen die radargestützten
Flakstellungen in und
um Hamburg, „geblen-
det" durch die abgewor-
fenen Stanniolstreifen,
nur wahllos in das Dun-
kel der Nacht.

Stadtzentrum, nieder, dort aber sind sie ungewöhnlich dicht konzentriert. „Die Abweichung war nicht schwerwiegend", bemerkte später ein Luftkriegs-Historiker, „rund um die markierte Fläche gab es reichlich dicht bebautes Gebiet." Im Laufe des Angriffs werden die abdriftenden Leuchtkugeln immer wieder durch rund 200 grüne „Nachmarkierungen" ersetzt.

Auf diese Lichtpunkte zielen die Bomber, was darunter liegt, sehen sie nicht. Ob es Fabriken sind, Wohnviertel oder Felder, spielt für die Bombenschützen keine Rolle. Sie bomben, wo die Markierungen niederschweben. Ein technischer Vorgang. Das erleichtert ihnen die Arbeit: Sie werfen ihre Fracht in einen abstrakten Raum aus Licht, nicht auf Frauen und Kinder.

### „Eine einzige Feuermasse"

Die erste Bombe fällt um 01.02 Uhr etwa zweieinhalb Kilometer östlich vom vorgegebenen Zielpunkt, der Nikolaikirche im Stadtzentrum. Wo genau die Brandbombe niedergeht, ist nicht bekannt, wahrscheinlich trifft sie in einen Häuserblock nicht weit von der Wendenstraße in Hammerbrook.

Nicht nur die Zielmarkierung, der gesamte Angriff ist ungewöhnlich konzentriert. In technischer Hinsicht ist er das bis dahin perfekteste Bombardement der Royal Air Force. Die Ladungen fallen ungewöhnlich dicht beieinander. Der sogenannte *creep back*-Effekt bleibt aus – also die Tendenz der Bomberbesatzungen, ihre Fracht immer früher abzuwerfen, wodurch die Angriffe in der Anflugschneise „zurückkriechen" und an Wirkung verlieren.

Nach drei Jahren Luftkrieg haben die englischen Experten die optimale Mischung aus Spreng- und Brandsätzen ermittelt, um Städte in Brand zu setzen. Erst brechen schwere Sprengbomben, sogenannte „Wohnblockknacker", die Dächer der Häuser auf, um das Innere für die Brandbomben bloßzulegen. Außerdem halten die Sprengbomben die Rettungskräfte fern und zwingen die Menschen in ihre Keller, um sie am Löschen zu hindern. Zugleich fallen Zeitzünder-Bomben, die erst Stunden nach dem Angriff detonieren – auch das, um die Feuerwehren auf Distanz zu halten. So können die Brandsätze ihren Dienst tun.

Wenige Minuten nach den Einschlägen brennen die ersten Häuser im Hamburger Osten. Rund 20 Minuten später stehen ganze Wohnblocks in Flammen. Nach einer halben Stunde schlagen die Flammen aus Tausenden von Häusern. So rasch haben die Briten noch keine Stadt entzündet.

Aus 4 000 Meter Höhe sieht die Vernichtung Hamburgs wie ein unfaßbares stummes Lichterspiel aus. Die glühenden Kaskaden der „Tannenbäume", die langsam zu Boden sinken und die Stadt in gleißenden Schein tauchen. Die gelben und grünen Zielmarkierungen. Die grellen, kurz aufzuckenden Blitze der Sprengbomben. Die verzögerten Detonationen der 4 000-Pfünder, die sich gleichsam in Zeitlupe und wie riesige Sonnenblumen öffnen, während sie zerbersten. Die blinkenden, kleinen weißen Flammen der Brandbomben. Und schließlich die Feuer, die rot aufglühen und sich wie lodernder Schaum ausbreiten, bevor dichter Qualm sie verbirgt.

In dieser Nacht wachsen die einzelnen Brände mit so ungeheurer Geschwindigkeit zusammen, daß die Piloten der Vernichtung noch während des Überflugs zuschauen können. „Das furchtbare und erstaunliche Schauspiel hat mich fasziniert", erinnert sich Sergeant Lamb von der 460. Schwadron. „So weit ich sehen konnte, nur eine einzige Feuermasse. Es war so hell, daß ich in 4 000 Meter Höhe die Zielkarten lesen und das Bombenzielgerät einstellen konnte."

Frank Wolfson fliegt im hinteren Teil des Bomberstroms, deswegen liegt Hamburg bereits unter dichtem Rauch, als er es überquert. Die Männer der ersten Staffeln dagegen sind entgeistert von der Gewalt des Brandes, den sie entfachen: Noch nie hatten sie „einen Angriff gesehen, der so tödlich genau und konzentriert" gewesen war.

Auf Sergeant Hart von der 51. Schwadron wirkt er „so, wie ich mir einen Vulkan in voller Tätigkeit vorstelle". Manche meinen, die enorme Hitze durch die Metallwandungen ihrer Flugzeuge zu spüren, anderen dringt in 6 000 Meter Höhe Rauch in die Atemschutzmaske. Sergeant Parry von der 76. Schwadron denkt nur: „Die armen Schweine da unten."

## Der Sturm beginnt

Unter den Einschlägen hebt und senkt sich der Bunker am Berliner Tor wie ein Schiff. Bei jeder Detonation zieht Elfriede Sindel voller Angst den Kopf ein.
Im Bunker ist die Lage schnell unerträglich: Alle Wasser- und Luftpumpen sind ausgefallen, das Licht ist erloschen. Die Luft wird beängstigend knapp. Es ist erdrückend heiß, und es riecht nach Urin und nach Schweiß, der sich in Lachen auf dem Boden sammelt. Die Insassen atmen flach oder schreien – nach Luft, nach Wasser, nach Rettung. Und alle beten, auch Elfriede Sindel murmelt immer wieder die gleichen Worte: „Dein Wille geschehe, dein Wille geschehe!"
Jedes Zeitgefühl geht verloren in dem lichtlosen Bunker. Manche meinen, die Flugzeuge über der Stadt körperlich zu spüren. Wie von fern hört man ein Rauschen, das Rauschen des Feuersturms. Doch was draußen geschieht, kann niemand ermessen. Sonst hätten die Bunkerinsassen wohl nicht die Tür geöffnet.
Als sie es tun, weil es unerträglich heiß wird, ist es, als stießen sie das Tor zur Hölle auf, empfindet Elfriede Sindel. Menschen stürzen herein – „aber waren das noch Menschen? Sie hatten fast keinen Fetzen mehr am Leib, Gesicht, Hände, Arme, alles eine Brandwunde. Wohin sie stürzten, dort blieben sie liegen, stöhnten, wimmerten, verendeten." Der Feuersturm hat die Menschen in den Bunker geweht. Die 14jährige wendet sich benommen ab.
Nach übereinstimmenden Berichten derer, die sich in dieser Nacht auf den Straßen auf-

gehalten und überlebt haben, setzt der Sturm gegen 01.20 Uhr ein. In dem Moment, in dem sich Tausende Einzelbrände zu einer einzigen Flammenfront vereinigen, heult er in Sekundenschnelle los. Das Feuer breitet sich in diesem Moment nicht mehr einfach aus, sondern es explodiert förmlich. Es ist, als gäbe es auf einen Schlag nichts anderes als Flammen, als entzündeten sich alle anderen Elemente. Luft, Wasser, Erde – alles brennt in dieser Nacht. Mit einem schrillen Pfeifen beginnen die Flammen, die umliegende Luft anzusaugen. Es wirkt, als ob auf einer gigantischen Kirchenorgel alle Töne gleichzeitig erklängen. Innerhalb weniger Augenblicke steigert sich der Sturm auf Geschwindigkeiten, die kaum ein Orkan erreicht: Mit bis zu 270 km/h rasen vulkanheiße Feuerwirbel durch die Straßen, wechseln ständig ihre Richtung und jagen Glutflocken, groß wie Walnüsse, vor sich her, die alles, was in ihrem Weg steht, sofort entzünden.
Der Feuersturm dreht meterdicke Bäume aus dem Grund, er biegt Pappelspitzen auf den Boden, hebt Kioske aus den Fundamenten und Autos von den Straßen. In mehreren Meter Höhe wirbeln brennende Holzbohlen und Fenster und ganze Dachteile, gebackener Mörtel aus den Mauerfugen der eingestürzten Häuser weht in glühenden Schwaden durch die Luft.
Der Sturm reißt Babys aus den Armen ihrer Mütter, Gebrechliche weht er in die Flammen. Mancherorts herrschen Temperaturen von bis zu 1 000 Grad, Fensterglas und Küchenkacheln schmelzen. Menschen gehen von einem Moment zum anderen in Flammen auf, ein Phänomen, das als „spontane Entzündung" bezeichnet wird und auch Häuser erfaßt: In einer einzigen Verpuffung stehen sie vom Boden bis zum Dach in Brand.
Das Feuer schafft sich seine eigene Architektur: Wie aus dem Nichts stehen Wände aus Feuer vor Flüchtenden, Säulen, Türme und Riegel aus Feuer, jeder Schritt ist unberechenbar, der Brand kennt keine Regel. Die

Hitzestrahlung macht viele Menschen schlagartig blind: Hornhaut und Augapfel verglühen, die Opfer taumeln orientierungslos in die Flammen. Die enorme Hitze läßt Wasserkessel in den Kellern platzen und das siedende Wasser über die Schutzsuchenden sprühen.

Später sagen viele Überlebende, der Sturm sei wie ein Weltuntergang gewesen. Das ist keine Übertreibung. Die uns bekannte Welt geht tatsächlich unter. Hamburg wird zum Feuerplaneten, auf dem Menschen nicht leben können. Es gibt keinen sicheren Ort mehr in diesen Stunden: In eine windgeschützte Nische fährt plötzlich ein Feuerwirbel und verbrennt alle Schutzsuchenden; scheinbar Gerettete ertrinken in einem Bombenkrater, der sich mit Wasser aus einer geplatzten Leitung füllt. Nur wer Glück hat, überlebt. Pures zufälliges Glück.

### In den Flammen

Herbert Brecht ist 15 Jahre alt und gehört zu einem sogenannten Schnellkommando, das Brände im Keim ersticken soll. Die Jungen fahren auf einem offenen Wagen durch die Süderstraße, als der Sturm losheult. „Die Hitze war unerträglich. Wir haben vor Schmerzen geschrien und gewimmert. Brennende Menschen taumelten hinter uns her." Der Anhänger bleibt stecken, die Jungen springen hinab, und der Feuerorkan treibt den 15jährigen ohne sein „Zutun in einen riesigen Bombentrichter. Alle, die nicht in diesen Trichter gefallen sind, hatten keine Überlebenschance." Um den Krater findet man später 400 Tote.

Die 19jährige Käte Hoffmeister flieht gemeinsam mit ihrer Mutter und einer Tante aus einem Schutzkeller im Grevenweg, sie wollen zu einem Fußballplatz in der Eiffestraße laufen, wo die Flammen sie nicht erreichen. Aber dann können sie die Eiffestraße nicht überqueren, denn der Asphalt ist geschmolzen.

„Es waren Menschen auf der Fahrbahn, einige schon tot, andere lebten noch, aber sie waren in dem Asphalt steckengeblieben und konnten sich nicht befreien." Sie müssen in ihrer Panik auf die Straße gelaufen sein, ohne die Falle zu bemerken. „Sie waren mit den Füßen eingesunken und hatten dann versucht, sich mit den Händen loszustemmen. Nun lagen sie auf Händen und Knien und schrien."

Nicht überall schmelzen die Straßenbeläge. Aber überall gehen die Menschen zu Boden, denn nur dort findet sich noch Sauerstoff. Ein Polizeiwachtmeister stürzt an der Hammer Landstraße aus seinem Fahrzeug und duckt sich neben Sitzende, die „apathisch vor sich hinwimmern". Er legt sich neben den Kantstein, verbirgt das Gesicht hinter dem Stahlhelm, und mit den Händen löscht er seine immer wieder aufflammende Kleidung. Um zu atmen, saugt er den Sauerstoff direkt vom Straßenpflaster, Nase und Knie verbrennen. Etwa anderthalb Stunden liegt er so da. Alle umliegenden Menschen sterben.

Der Sauerstoffmangel erklärt, weshalb später die meisten Leichen auf den Straßen in ähnlicher Position gefunden werden: mit dem Gesicht nach unten, einen Arm um den Kopf gelegt, um sich vor dem Glutsturm zu schützen.

Große Hitze zerstört die Haut innerhalb von Millionstelsekunden. Explosionsartig verdampft die Feuchtigkeit aus den Zellen, die Haut schrumpft auf einen Schlag zu Leder, an Bauch, Hals und Hoden kann sie durch die plötzliche Spannung aufreißen. Flüssigkeit aus dem Blut wandert in die ausgetrockneten Zonen, das Blut selbst dickt ein, und der Kreislauf blockiert.

In anderen Fällen „zentralisiert" der Körper und lenkt das Blut aus den verletzten Armen und Beinen zum Herzen und ins Gehirn, so daß Menschen in der größten Hitze vor Kälte zu zittern beginnen. Auch pressen der Sturm und die Druckwellen der Detonationen überhitzte Luft in die Atemwege, die Lungenbläschen trocknen schlagartig aus, schrumpfen oder platzen. Die Menschen ersticken innerhalb weniger Minuten.

In jedem Fall sind die Opfer des Sturmes tot, wenn die Flammen sie schließlich erfassen. Luftschutzkeller, sonst bei Bombardements relativ sicher, werden im Feuersturm zur tödlichen Falle. In der Wendenstraße, nur 250 Meter vom Zentrum des Feuersturms entfernt, harrt Rolf Witt mit seinen Eltern und Nachbarn in einem Keller aus. Er ist einer der wenigen Männer im wehrfähigen Alter in der Stadt, wegen eines Herzfehlers mußte er nicht an die Front.

Als die Schutzsuchenden ahnen, was sich draußen abspielt, schlagen sie die Wand zum Nachbarkeller ein, um zu fliehen. Ein Fehler. Sie starren in ein Feuerloch. Rauch und Flammen schlagen herein und ersticken etliche Menschen. „Ich hörte sie schreien, aber das wurde immer und immer leiser."

Rolf Witt gibt seinen Eltern Zeichen, sie mögen ihm ins Freie folgen, er stürzt hinaus, sofort verbrennen ihm die rasenden Funken die Hände, er zieht seinen Wintermantel über den Kopf und läuft in den Sturm hinaus. Doch seine Eltern folgen ihm nicht, und als er sich umschaut, ist das Haus bereits eingestürzt.

Die meisten Menschen in den Kellern werden aber nicht verschüttet, sondern sterben an Brandgasen wie Kohlenmonoxid. In der Hitze schwelen die Kohlevorräte, die verbotenerweise in fast allen Kellern lagern, und füllen die engen Räume mit dem farblosen, giftigen Gas.

Die Mehrzahl der Opfer findet man später wie Wartende auf ihren Plätzen sitzend, viele haben einen friedlichen Gesichtsausdruck. Ihre Haut ist kaffeebraun gebacken, ihre Körper sind bis auf die Hälfte zusammengeschrumpft, weil Hitze und Trockenheit die Flüssigkeit aus den Leibern gesaugt haben. Später finden Experten für sie den Begriff „Bombenbrandschrumpfleichen". Andere Tote liegen auf dem Fußboden in der erkalteten schwarzen Masse ihres geschmolzenen Körperfetts.

## „Das mutet man Menschen zu"

Die Bomber werfen mehr als 50 Minuten lang immer neue Brandsätze in die Flammenfront und erweitern sie stetig nach Osten. Es trudeln in dieser Zeit mehr als 300 000 Brandsätze herab, und könnte man sie über den tosenden Flammen hören, würde das Rauschen der sechseckigen Bomben klingen wie ein Wasserfall.

Den Höhepunkt erreicht der Feuersturm zwischen 03.00 und 03.30 Uhr, der Einsatzleiter der Feuerwehr verzeichnet ein Flammenmeer vom Berliner Tor bis nach Wandsbek, das sind etwa vier Kilometer. Rund 16 000 Wohnblocks mit einer Straßenfront von 215 Kilometern stehen in Flammen. In ihnen wohnten mehr als 400 000 Menschen. Die ungeheure Gewalt des Sturmes hat nicht nur mit dem präzisen Bombenabwurf zu

Überall in den Straßen hinterläßt der Feuersturm „Bombenbrandschrumpfleichen", wie der bürokratische Begriff für die nicht faßbare Schrecklichkeit lautet: Die Opfer der Glut sind bis auf die Hälfte ihrer Größe geschrumpft, und ihre Haut ist braun gebacken. Die meisten Menschen pressen im Todeskampf ihre Gesichter auf das Straßenpflaster, um den letzten Hauch Sauerstoff einzusaugen.

tun, sondern auch mit der Wetterlage. In den heißen Wochen zuvor sind die Gebäude ausgetrocknet, am Brandtag herrscht eine Luftfeuchtigkeit von nur 30 Prozent, in dieser Jahreszeit wären 40 bis 50 Prozent normal. Zudem wölbt sich an diesem Tag eine seltene Luftschichtung über der Stadt. Die Temperatur nimmt nach oben ungewöhnlich

stark ab: Der Luftschlot mißt rund drei Kilometer im Durchmesser und ragt, umgeben von kälterer Luft, acht Kilometer in die Atmosphäre. Er wirkt für das Feuer wie ein Kamin. Darin schießt die von den Bränden überhitzte Luft in die Höhe, worauf sauerstoffreiche Luftmassen von der Seite nachstoßen und den Brand wie ein gewaltiges Gebläse ins Unermeßliche anfachen.

Erika und Willi Wilken haben sich in ein Toilettenhäuschen am Grevenweg geflüchtet, es ist innerhalb weniger Minuten mit rund 100 Menschen überfüllt. Eine Brandbombe detoniert unmittelbar vor dem Eingang, bald, so Erika Wilken, „tönten die ersten Schreie auf: ‚Wir ersticken' und ‚Wasser, Wasser'."

Das Feuer frißt sich immer weiter voran. Als die Flammen schon an den vor ihnen Liegenden nagen und sich neben ihnen drei Soldaten mit ihren Dienstpistolen erschießen, fassen die Wilkens einen Entschluß. Sie nehmen eine Decke und ihr Köfferchen. Den Rest schildert Erika Wilken wie einen flüchtigen Spaziergang durch die Hölle: „Schnell und doch vorsichtig, damit wir auf den Leichen nicht ausrutschen, ging es ins Freie und durch das Flammenmeer. Es war geglückt. Beide ohne Brandwunden. Aber unsere letzte Kraft und unser letzter Mut waren für Stunden dahin."

Die beiden schleppen sich zu einem Kanal, wo bereits viele Menschen im Wasser schwimmen. Was nicht jeden rettet. Viele ertrinken entkräftet.

Luise Solmitz erinnert sich an die Erzählung einer Frau, die mit zerfetztem Schuhwerk und blutenden Füßen durch Hammerbrook flüchtete. Überall Trümmer und Leichen. Viele der Schwerverletzten flehten sie an: Mitnehmen, bitte mitnehmen. Sie umklammerten die Füße der Frau, hängten sich an ihre Kleider – und sie, sie trat nach ihnen, wo sie hintraf, wehrte sich mit Fußtritten gegen den sicheren Tod. Frau Solmitz notierte in ihr Tagebuch: „So sieht der Krieg aus, das mutet man Menschen zu – nicht nur den Sterbenden, nein, auch dieser Frau."

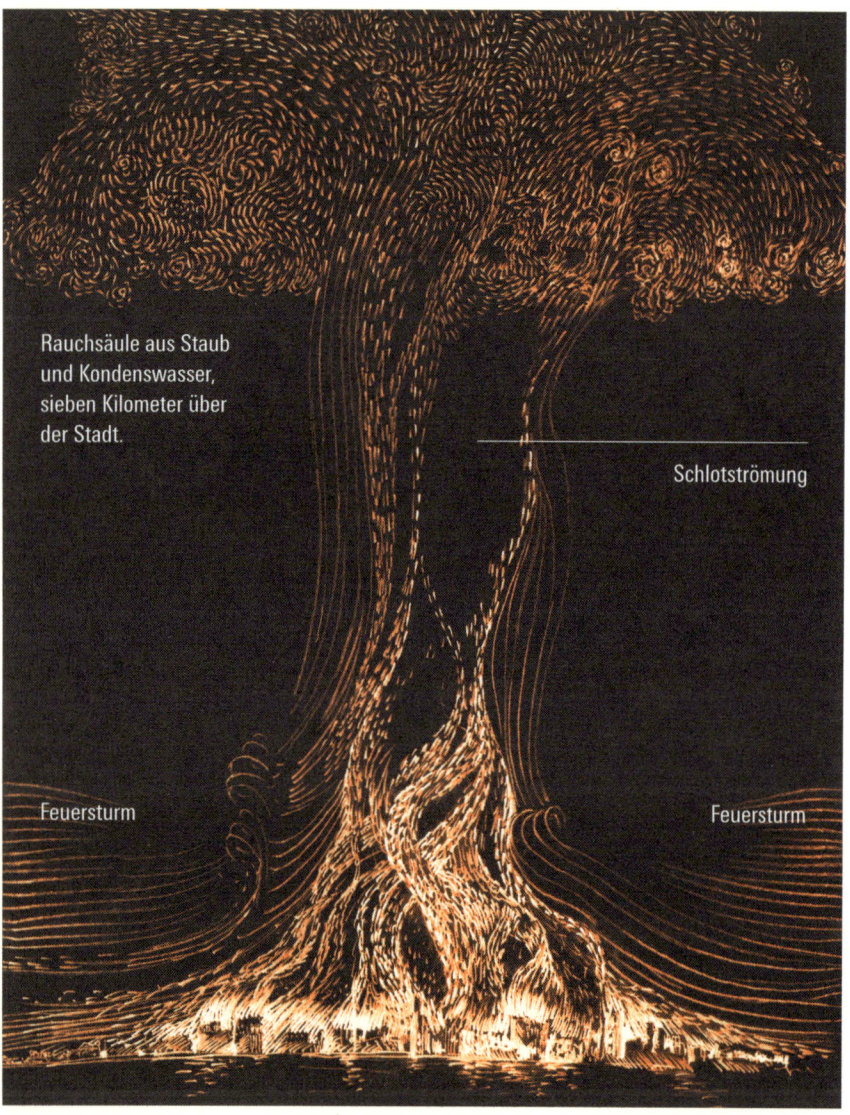

Rauchsäule aus Staub und Kondenswasser, sieben Kilometer über der Stadt.

Schlotströmung

Feuersturm

Feuersturm

Als sich am 28. Juli gegen 01.20 Uhr verschiedene Brandherde zum Feuersturm vereinigen, wird die heiße Luft, begünstigt durch ihren eigenen Antrieb und durch eine seltene Wetterlage, wie in einem Kamin kilometerhoch in die Atmosphäre gesogen. Am Boden erzeugt die Schlotströmung einen enormen Unterdruck, der die Umgebungsluft mit Orkanstärke in den Brandherd saugt und diesen immer weiter anfacht. Erst nach über fünf Stunden, als alles Brennbare vernichtet ist, ebbt der Feuersturm ab.

Otto Sander, der Langstreckenläufer, wagt sich in den Sturm hinaus, als so viele Frauen in seinem Bunker am Hammer Deich Frühgeburten erleiden, daß medizinische Hilfe unumgänglich wird. Doch die Eisentür des Bunkers ist im Feuersturm rot aufgeglüht und hat sich verzogen.

Gemeinsam mit einem anderen Soldaten bricht er den Ausgang mit einem Stemmeisen auf. Entsetzt prallen sie zurück, als die Heißluftwelle in den Bunker schlägt. Unmittelbar vor dem Eingang liegt ein Haufen verkohlter Leichen. Sander muß über die verklumpte Masse hinweg zur Straße hinaufsteigen.

Alle Häuser am Hammer Deich: nur brennende Fassadenreste und weißglühende Trümmer. Sander steckt sich ein feuchtes Taschentuch in den Mund und stürzt in den Orkan hinein, schon nach wenigen Metern ist er so erschöpft, daß er immer wieder geschützte Stellen zum Ausruhen suchen muß.

In den Straßen sieht er Pulks von Opfern, „gruppenweise verbrannten die Menschen, in der guten Absicht, sich gegenseitig zu schützen". Auf der Grevenbrücke stehen vier Soldaten, Sander spricht sie an, ihre Augäpfel sind vertrocknet: „Laß uns in Ruhe. Wir sind blind, du kannst uns nicht helfen." Kurz darauf rettet er einige Menschen aus einem brennenden Haus, das unmittelbar danach zusammenbricht: „Von dem Schreck bekamen zwei ältere Frauen einen Herzschlag."

Als Sander schließlich den Tiefbunker am Heidenkampsweg erreicht, in dem er Ärzte vermutet, dringt er nicht einmal zum Eingang vor, zu viele Leichen versperren den Weg. Sie sind zu einer einzigen schwarzen Masse verbacken, einem dampfenden Haufen aus geschrumpften Gliedmaßen, verkohlten Kleidungsresten, Fett und Asche. Sander läuft zurück, um Frau und Mutter zu retten. Wohl nur seine außergewöhnliche Konstitution als Langstreckenläufer läßt ihn den Irrweg überleben.

Auch Elfriede Sindel und ihre Mutter verlassen irgendwann den Bunker. Sie klammern sich aneinander, um nicht fortgeweht zu werden. Sie haben es nicht weit bis zum U-Bahnschacht am Berliner Tor, doch wie sie es schaffen, können sie hinterher nicht mehr sagen: Alle Luftwirbel verschonen sie, nicht einmal Brandwunden tragen sie davon. Es ist wie ein Wunder. Nur der Koffer mit der kaffeebraunen Puppe „Deloris" geht im Sturm verloren.

Im U-Bahnschacht legen sie sich zu anderen Geflüchteten, die Bettzeug auf die Gleisbohlen gelegt haben. Alle sind mit Ruß bedeckt, viele tragen wenig mehr als Kleidungsfetzen am Leib, der Rest ist verbrannt.

Nur wenige reden, was gäbe es auch zu sagen? Sie schweigen. Sie wimmern. Oder sie schreien. „Die Menschen schrien nach ihren Angehörigen", erinnert sich Elfriede Sindel, „sie schrien vor Schmerzen, und sie schrien, weil sie glaubten, ohne Schreien verrückt werden zu müssen."

## Eier, Schinken und Tee mit Rum

Als die Besatzungen der britischen Bomber wieder auf ihre Stützpunkte zurückkehren, ist die Stimmung „aufgekratzt", erinnert sich Sergeant Burger: „Wir waren der absoluten Überzeugung, daß wir etwas ganz Besonderes hingelegt hatten. Das war mehr als der übliche alltägliche Routineflug." Frank Wolfson ist ebenfalls erleichtert, der Angriff war ein *wizard prang*, Fliegerjargon für „magisches Ding". Wie nach jedem Angriff essen die Crews Eier und Schinken, das ist ein besonderer Genuß, weil beides rar ist in diesen Tagen in England, und der Stützpunkt-Pfarrer serviert Tee mit Rum. Auch Bomberchef Arthur Harris, ein spröder, scheuer Mann, zeigt sich *delighted*, erfreut. Der Angriff beweist endgültig die Zerstörungsmacht seiner Bomberflotte, an der andere Militärs immer wieder gezweifelt haben. Eine erste Auswertung ergibt, daß die Vernichtung „phänomenale Ausmaße" erreicht hat.

Wenige Tage später aber berichtet die Zeitung „Daily Express" nur von „industriellem Schaden". Meldungen, denen zufolge 20 000 oder 30 000 Menschen ums Leben gekommen seien, werden als Nazipropaganda bezeichnet. Doch rasch bürgert sich in England das Wort „hamburgisieren" ein. Für „ausradieren".

### „Weltuntergangsstimmung"

Erst als alles Brennbare vertilgt ist, läßt der Feuersturm nach; das geschieht zwischen sechs und sieben Uhr früh. Mehr als fünf Stunden lang hat er getobt, sein Widerschein war in über 200 Kilometer Entfernung zu sehen. Und einen Tag später gehen im 80 Kilometer entfernten Lübeck verbrannte Bücher nieder, die der Feuerschlot in die Atmosphäre gerissen hat.

Als die ersten Nachrichten Los Angeles erreichen, schreibt dort Bertolt Brecht in sein Arbeitsjournal: „hamburg geht unter. über ihm steht eine rauchsäule, die doppelt so hoch ist wie der höchste deutsche berg." Und später: „das herz bleibt einem stehen, wenn man von den luftbombardements... liest. da sie nicht mit militärischen operationen verknüpft sind, sieht man kein ende des kriegs, nur ein ende deutschlands."

Die Überlebenden verlassen gegen Mittag ihre Schutzorte. Herbert Brecht, der 15jährige Junge, wird von einem älteren Mann aus dem Bombentrichter gezogen, dabei löst sich die Haut von seinen verbrannten Händen. Elfriede Sindel erwacht im U-Bahnschacht

An den Wänden ausgebrannter Häuser werden knappe Nachrichten für Angehörige und Freunde hinterlassen. Es ist in diesen Tagen das einzige Informationssystem, das noch funktioniert.

Nach der Feuersturmnacht verlassen innerhalb von 48 Stunden rund 900 000 Menschen die zerstörte Hansestadt.

gegen Mittag aus tiefem Schlaf. Schmutzig, müde und hungrig verlassen sie und ihre Mutter den Tunnel.

Über die Schienen gehen sie Richtung Moorweide, einer Wiese nahe der Innenstadt, wo sie Versorgung erhoffen. Es ist dunkel, die Sonne dringt den ganzen Tag nicht durch den dichten Qualm. Schwerer Brandgeruch liegt über der Stadt und macht das Atmen zur Qual, dazu der unerträgliche süßliche Geruch der Verwesenden. Beiderseits der Bahnstrecke sieht Elfriede Sindel ausgebrannte Ruinen, Leichen, auch Schwerverletzte, die keine Kraft mehr zum Schreien haben.

Eine andere Überlebende, Anne-Lies Schmidt, erinnert sich vor allem an die Kinder. Sie „lagen wie gebratene Aale auf dem Pflaster, im Tode noch zeigten die Züge, wie sie gelitten haben. Die Hände vorgestreckt, um sich vor der erbarmungslosen Hitze zu schützen."

In den Trümmern kratzen die Überlebenden mit Kreide oder Kohle Nachrichten an die noch warmen Mauern: wer überlebt hat, wer nicht, wo sich die Geretteten treffen sollen. Andere irren tagelang durch die ausgeglühten Straßen auf der Suche nach Angehörigen.

Gauleiter Karl Kaufmann appelliert an die Überlebenden: „Die Katastrophe, die über unsere Stadt hereingebrochen ist, verlangt von allen die schmerzlichsten Opfer an Gut und Blut. [...] Die Überwindung der Katastrophe erfordert von Euch die Haltung von Soldaten. Unsere erste Fürsorge muß den

Die Versorgung der Stadt ist nach dem Feuersturm weitgehend zusammengebrochen. In der Neustädter Straße schöpfen Anwohner tief im Bombentrichter Wasser aus einem geborstenen Rohr.

Auf der Moorweide, einer Wiese in der Nähe des Dammtor-Bahnhofs, werden Ausgebombte notdürftig mit Suppe aus Gulaschkanonen verpflegt.

Verletzten, den Frauen und Kindern gelten. Von den Männern fordere ich Einsicht in die Pflicht auszuharren, zu helfen und das Los der am schwersten Betroffenen zu lindern."
In den folgenden 48 Stunden verlassen rund 900 000 Menschen Hamburg, die meisten zu Fuß, aber auch 50 000 auf Elbschiffen. Der Strom schwillt noch einmal an nach dem dritten Nachtangriff, der zwei Tage nach dem Feuersturm weite Teile des Stadtteils Barmbek im Osten Hamburgs vernichtet. Der vierte Angriff in der Nacht vom 2. auf den 3. August, der die wohlhabenden Stadtteile Harvestehude und Rotherbaum sowie die Stadtmitte planieren sollte, bleibt weitgehend in einer Gewitterwolke stecken, die südlich der Elbe den Himmel verdunkelte. So vereitelt ein Zufall der Natur die Voll-

endung von Harris' großem Plan: die vollständige Vernichtung Hamburgs.
Ein nicht enden wollender Treck erschöpfter Menschen zieht auf den wenigen passierbaren Straßen ins Umland, vor allem Frauen und ihre Kinder, sie stolpern über die Trümmer auf den Straßen, über die Leichen, durch den Gestank. Und sie sind noch nicht in Sicherheit. An den Tagen zwischen den drei großen britischen Nachtangriffen fliegt die 8. amerikanische Luftflotte zwei weitere schwere Attacken gegen Hamburg, doch versuchen die US-Flieger, vor allem den Hafen und Industrieanlagen zu treffen.
Die Bewohner in den Vororten mögen die Fliehenden kaum anschauen. „Noch nie hatte ich so etwas Mitleiderregendes gesehen", erinnert sich Margot Schulz, die in jener Zeit in Bergedorf lebte. „Sie waren in ihrem Nachtzeug, halb verbrannt manchmal, manchmal einen Mantel über die Schultern gelegt. Sie schoben ihre Habe in einem Kinderwagen mit dem Baby noch darin. Man muß sich nur einmal die Hysterie vorstellen, einige Menschen hatten ja schwere Brandwunden und weinten. Es ging tagelang so. Es nahm und nahm kein Ende." Viele geben den Fliehenden Wasser, Brot und Obst – solange die Vorräte reichen.
In der Stadt versuchen NS-Organisationen, Wehrmacht und Stadtverwaltung die Menschen zu versorgen. Zwei große Vorratsdepots blieben unversehrt, nun werden eine halbe Million Brote und 16 000 Liter Milch, Kaffee, Tee und Bier an die Ausgebombten ausgegeben, auf der Moorweide beim Dammtorbahnhof liegen die Brote in mannshohen Bergen. Die Hamburger erhalten Sonderrationen, 50 Gramm Bohnenkaffee, 10 Zigaretten, 125 Gramm Süßwaren und einen halben Liter Schnaps.
Später wird es heißen, die Verwaltung habe nach der Katastrophe schnell und effizient funktioniert, doch interne Dokumente belegen das Gegenteil. Nach der ersten Notversorgung herrscht Kopflosigkeit angesichts der Schäden.

Die meisten Überlebenden haben nach dem Feuersturm nur einen Gedanken: Raus aus der Stadt! Auf Handwagen, Pferdefuhrwerken, Wehrmacht-Lastwagen, Elbschiffen und vor allem zu Fuß verlassen sie die Metropole, und viele gehen davon aus, daß nie wieder ein Leben in Hamburg möglich sein wird.

Wasserleitungsnetz und Hauptpumpwerk sind weitgehend zerstört, ebenso die 51 Wasserwagen, die für Notfälle vorgesehen waren. Für mehrere Wochen fällt die Trinkwasserversorgung aus, bis Tankwagen aus dem ganzen Reichsgebiet eintreffen. Die Versorgung mit Gas und Strom liegt brach, Straßen- und U-Bahnen sind zerstört, ungezählte Straßen durch Trümmer blockiert.

Im Chaos kommt es zwischen Wehrmacht und NSDAP zu heftigem Streit. Oberst Ernst Ebeling, der Stabschef des Wehrkreises X, wirft den Parteistellen restloses Versagen vor, dem Gauleiter Hilflosigkeit und völlige Inkompetenz. Der Bürgermeister der Hansestadt, Carl Vincent Krogmann, ist verzweifelt: „Große Aufregung. Dienststellen ohne meinen Befehl geschlossen. Die Bevölkerung verläßt fluchtartig die Stadt. Eine geregelte Verwaltung unmöglich, da ein großer Teil der Beamten mit ihren Familien Hamburg verlassen hat."

In den Trümmern bricht die Autorität des Führerstaates vorübergehend zusammen. „Machthaber und Behörden waren wie vom Erdboden verschwunden", schreibt der Schriftsteller Hans Erich Nossack in „Der Untergang", einem der wenigen literarischen Zeugenberichte der Juli-Angriffe. „Damals sprach jeder aus, was er dachte, kein Gefühl war den Menschen ferner als Furcht."

Viele empören sich in ohnmächtiger Wut über die britischen „Terror-Angriffe", andere denken: „Wir Deutsche bomben auch", nicht wenige schimpfen auf die eigene Führung, die den Schutz des Volkes nicht mehr garantieren kann. So geht es ein paar Tage lang. Die Polizei ist angehalten, nicht einzuschreiten, die Partei fürchtet den Unmut der Bürger. Dann fahren SS-Korps auf offenen Lastwagen durch die Stadt, und die Gespräche ersterben.

Doch die Flüchtlinge tragen die Kunde von dem Feuersturm ins gesamte Reichsgebiet; die eine Million Ausgebombte werden bis nach Graz und bis nach Ostpreußen auf Bauernhöfe und Notunterkünfte verteilt, und für ein paar Wochen verliert die NS-Führung ihr Monopol auf die Nachrichten.

Die Katastrophe von Hamburg reiht sich ein in die Niederlagen des Wendejahres 1943: Vernichtung der Stalingrad-Armee Anfang Februar, Kapitulation der deutsch-italienischen Heeresgruppe in Afrika im Mai, Landung der Alliierten in Sizilien am 10. und Sturz des Verbündeten Mussolini am 25. Juli – nicht wenige deuten die Zerstörung Hamburgs als Fanal des kommenden Untergangs. Das Wort von der „Novemberstimmung" macht die Runde in Anspielung auf die Revolution des Jahres 1918.

Auch in Berlin sitzt der Schock tief. Reichsrüstungsminister Speer sagt zu Hitler, „noch sechs solcher Angriffe" wie in Hamburg, und der Krieg sei zu Ende. Feldmarschall Erhard Milch, der Generalinspekteur der Luftwaffe, verliert die Nerven: „Wir haben den Krieg verloren! Endgültig verloren!" Und Propagandaminister Joseph Goebbels, zugleich Gauleiter von Berlin, gibt nach dem dritten Großangriff auf Hamburg voller Panik den Befehl, alle Frauen und Kinder aus der Hauptstadt zu evakuieren – der aber bald wieder zurückgenommen wird.

Geradezu obsessiv registriert Goebbels in seinem Tagebuch die Stimmung des Volkes: Er schreibt von Angst, Hilflosigkeit und Wehrlosigkeit gegenüber den Angriffen, von der „Weltuntergangsstimmung" nach dem Feuersturm; es mache sich „Kriegsdefätismus" breit, weil das Volk nicht wisse, wie heftig der Bombenkrieg weitergehe. Zudem fürchtet der Propagandist, daß der Unmut der „entnervten Bevölkerung" auf die Front übergreifen und für schlechte Stimmung bei den Soldaten sorgen könne.

In London sehen viele die Lage ähnlich dramatisch. Luft-Vizemarschall Donald Bennett glaubt, die Gestapo habe „die ganze Gewalt über die Bevölkerung verloren", alles müsse „zusammengebrochen sein". Er drängt Churchills Stab, „auf der Basis von Hamburg eine Kapitulation zu erzwingen" – und dringt nicht durch. Viele britische Experten glauben, die Moral der Deutschen müsse nach den Angriffen restlos zerrüttet sein.

Stimmt das? Die Nazipropaganda verbreitet die Legende von den ungebrochenen Deutschen, deren Moral wankt, aber nicht fällt. Dieser Mythos wird in der Nachkriegszeit weitergesponnen. Aber so ist es nicht gewesen.

Es herrschen „dumpfe Bedrücktheit, bittere Zweifel", beobachtet ein Hamburger Pfarrer. Die Ausgebombten bewegen sich mechanisch, sie sind gleichgültig, innerlich erstarrt. Der Mediziner Friedrich Panse sieht „die stumpfe Apathie, die müde Teilnahmslosigkeit, geradezu Traumverlorenheit" der Menschen. Sie „stehen mit leeren Gesichtern da, starren untätig in die Trümmer oder räumen ohne Plan etwas beiseite".

Den Menschen fehlt sogar die Kraft zum Irrewerden. Die Zahl von psychisch Kranken steigt nach Bombenangriffen nicht. Die Realität der Trümmer und der Not ist so mächtig, daß sie nicht einmal die Flucht in den Wahnsinn erlaubt.

Es gibt Ausnahmen: Eine Frau, die wochenlang in einem Koffer die geschrumpfte Leiche ihres Kindes herumträgt. Einen Mann, der mit blutenden nackten Füßen durch die Glas- und Granatsplitter der Straßen wandert, immer wieder den Namen seiner verbrannten Frau ausstoßend. Aber auch das wird beobachtet: Menschen lachen vor den Trümmern ihrer Häuser, sie feiern – überwältigt von der plötzlichen Einsicht, daß sie noch leben.

Die Arbeitsmoral bricht nach der Katastrophe zusammen. Auf der weitgehend unzerstörten Werft Blohm + Voss sind vor dem Angriff 9 400 Menschen beschäftigt, danach melden sich noch 300 zur Schicht, obwohl nur die wenigsten von ihnen umgekommen sind. Aber kaum jemand vermag noch an die Arbeit zu denken. Jeder bringt sich und seine Angehörigen in Sicherheit.

Trotz ausdrücklichen Verbotes setzen sich auch Einsatzleiter und führende Beamte ab, auf der Post treten 1 200 von 3 000 Beamten zum Dienst an, beim Haupternährungsamt 900 von 2 500.

Otto Sander begleitet seine Frau ins pommersche Stolp, wo sie bei Verwandten unterkommt. Erst einige Tage nach dem Feuersturm meldet er sich wieder bei seiner Einheit. Ein Vorgesetzter droht ihm wegen Fahnenflucht mit Kriegsgericht, doch nichts geschieht. Die Katastrophe raubt dem Nazi-Staat – vorübergehend – die Druckmittel.

Noch drei Wochen nach den Luftangriffen fehlen in den Hamburger Großbetrieben 30 Prozent der männlichen und weit mehr der weiblichen Angestellten. Zwar sind die Maschinen kaum zerstört, aber es gibt keine Menschen, sie zu bedienen.

Als wirksamste Methode, die Disziplin wiederherzustellen, verteilen die Betriebsleiter gestaffelte Lohnzuschläge: Wer in der Woche nach dem Angriff wieder am Arbeitsplatz erscheint, erhält bis zu sechs Reichsmark pro Tag zusätzlich, nach zwei Wochen sind es nur vier, nach drei Wochen zwei Mark.

Wer arbeitet, kommt meistens spät und geht früh, weil sich die Anfahrtszeiten drastisch

**Wer plündert, wird mit dem Tode bestraft!**

Der Polizeipräsident
Kehrl.

Plünderern werden drastische Konsequenzen angedroht. Bis Dezember 1943 werden 31 Verfahren eröffnet und 15 Diebe hingerichtet.

verlängert haben und viele nur auf „Gams-
pfaden" durch die Trümmer gehen können,
aber auch, weil alle damit beschäftigt sind,
sich nebenbei ein Leben zu organisieren, zu
tauschen, Unterkünfte zu beschaffen, Ver-
wandte und Freunde zu suchen. Die
Unpünktlichkeit läßt sich am wirksamsten
bekämpfen, finden die Werksleiter rasch heraus, indem die Überstundenzulage gestri-
chen wird, immerhin 150 g Fleisch und 80 g
Fett pro Woche.

Mit Gewalt gehen die Behörden gegen Plünderer vor, von denen es aber nicht viele gibt.
Bis Dezember werden 31 Verfahren eröffnet,
15 Plünderer werden hingerichtet.

### Das Leben kehrt zurück

Wer in den Wochen nach dem Feuersturm
durch Hamburg geht, muß zu dem Schluß
kommen: Die britische Bomberflotte hat ihr
Ziel erreicht. Die zweitgrößte deutsche
Metropole ist in weiten Teilen – in Hamm,
Hammerbrook, Borgfelde, Rothenburgsort,
St. Georg, Eilbek und Barmbek – unbewohnbar, mehr als die Hälfte der Einwohner
ist auf der Flucht, die Produktion strangu-
liert, die Moral zerschlagen.

Und doch: Die letzte britische Hoffnung
erfüllt sich nicht. Der Aufstand gegen das
NS-Regime bleibt aus, die verzweifelte Stimmung schlägt nicht in Auflehnung um. Wer
ausgebombt ist, sucht nicht Revolte, sondern eine heiße Suppe. Demoralisiert
machen die Hamburger weiter, so gut es
eben geht.

Und allmählich kehrt tatsächlich Leben in
die Stadt zurück. Nicht viele hatten
unmittelbar nach den Angriffen noch
geglaubt, daß die Metropole wieder
bewohnt werden würde. Doch am 11.
August, zwei Wochen nach der Katastrophe,
stellen Briefträger wieder die Post zu, am 15.
August laufen die ersten Züge am Hauptbahnhof ein, am 18. werden Typhus-Imp-
fungen verfügt, die aber nicht benötigt werden, denn es kommt nicht zu Epidemien.
Am 20. August zeigt der Ufa-Palast den Film

„Geliebter Schatz" mit Sonja Ziemann.
Und spät im Oktober beginnen jene Bäume
und Sträucher, die im Feuer verdorrt waren,
erneut zu blühen. Vielen Menschen ist es wie
ein Zeichen.

Mit den Bergungsarbeiten lassen sich die
Behörden Zeit. Es gibt in der Feuersturmzo-
ne niemanden, den man noch retten könnte.
Und bei den verkohlten Leichen besteht
kaum Verwesungsgefahr. Manche Keller
sind auch nach zwei Wochen noch so heiß,
daß sie zu brennen beginnen, wenn die Hel-
fer die Türen aufstemmen und Sauerstoff
einströmt. Erst Anfang Oktober erlöschen
die letzten Brandherde. Weite Teile des
Hamburger Ostens werden als Sperrgebiete
mit Mauern aus Trümmersteinen abgeriegelt,
gelt, einige Straßenzüge bleiben bis weit
nach Kriegsende verschlossen.

Als Hamburgs ehemaliger Oberbaudirektor
Fritz Schumacher durch die Trümmerviertel
geht, denkt er an ein Gedicht: „in den öden
Fensterhöhlen/ wohnt das Grauen,/ und des

Viel rascher, als die
Mehrzahl erwartet hat,
beginnt sich das öffent-
liche Leben zu nor-
malisieren. Kaum drei
Wochen nach der

Katastrophe fahren
wieder die ersten Züge
im Hauptbahnhof ein,
wenige Tage später
läuft im Ufa-Palast der
erste Film an.

Die am schwersten
zerstörten Gebiete wer-
den durch Mauern
abgeriegelt. Das dämmt
die Seuchengefahr ein
und verhindert, daß
Passanten von herabfal-
lenden Ruinentrümmern
erschlagen werden.
Erst nach dem Krieg wer-
den viele Sperrbezirke
aufgehoben und die
letzten Leichen geborgen.

Himmels Wolken schauen hoch hinein".
Doch „in der Wirklichkeit fehlt alles ‚Malerische' der Ruine", notiert er, „der Kontrast des Himmels, der gefühllos auf das Werk hinunterschaut, das aus seinen Wolken heraus angerichtet ist, macht die Fensterhöhlen nur noch grausiger".

Die „Leichentransporttrupps und das Leichentransportwesen sind weitgehend zerschlagen", heißt es in einem Polizeibericht, also bergen Soldaten, Zwangsarbeiter, Häftlinge des KZ Neuengamme und Mitglieder der 2. SS-Baubrigade die Opfer. Elefanten aus Hagenbecks Tierpark heben verbogene Eisenträger aus dem Schutt.

Nur wenige Leichenräumer tragen „Entgiftungsanzüge" aus Gummi sowie Gasmasken, deren Filter durch Rum- oder Cognac-getränkte Wattebäusche ersetzt werden. Es ist eine grauenhafte Arbeit in Hitze, Gestank und Schwärmen von Schmeißfliegen, die innerhalb weniger Tage die Trümmer bevölkern. Immer wieder stürzen ausgebrannte Häuser ein, detonieren Blindgänger. Besonderen Gefahren sind die Häftlinge des Konzentrationslagers Neuengammme ausgesetzt, die zum Aufräumen abkommandiert werden. „Wenn ein Häftling eine Packung Streichhölzer oder ein Stück Käse aufhob und das herauskam", erinnert sich der ehemalige Gefangene Alexej Antonomwitsch Kutko, „dann wurde er auf dem Appellplatz erhängt. Das ganze Lager wurde in Reih und Glied aufgestellt. Der Galgen wurde errichtet – und man erhängte ihn."

Wie viele Menschen im Feuersturm umgekommen sind, finden auch die Bergungsmannschaften nicht mit letzter Sicherheit heraus. Bis zum 30. November werden 31 647 Tote geborgen, davon 50 Prozent Frauen, 38 Prozent Männer und 12 Prozent Kinder. Aber noch Jahre nach dem Krieg findet man unter den Trümmern ungezählte Leichenteile. Nur die Hälfte der Opfer kann identifiziert werden, zuweilen an Eheringen oder Uhren, die in Aschehäuflein liegen. Was von den Toten geblieben ist, wird in Massengräbern auf dem Friedhof Ohlsdorf oder anderswo bestattet. Um den Gestank zu überdecken, entzündet man Wacholdersträucher neben den Leichengruben.

Hamm und Hammerbrook existieren nicht mehr. In Hammerbrook haben vor dem Angriff 44 756 Menschen gelebt, danach sind es noch 66; die meisten Bewohner haben sich wahrscheinlich retten können, doch Tausende sind allein in diesem 56 Hektar großen Viertel gestorben. Ähnlich sieht es in Borgfelde, Billwärder Ausschlag und Rothenburgsort aus. Die Bomben aller drei Nachtangriffe der „Schlacht um Hamburg" haben rund 250 000 Wohnungen zerstört, mehr als die Hälfte des gesamten Bestandes. 900 000 Einwohner sind obdachlos geworden.

Der Chef des Bomber Command, Arthur Harris, schreibt Jahre später in seinen Memoiren: Trotz allem, was in Hamburg passiert sei, erwies sich das Bomben „als vergleichsweise humane Methode" der Kriegsführung. Sie habe verhindert, daß die „Blüte der englischen Jugend" in den Schützengräben niedergemäht wurde – so wie im Ersten Weltkrieg.

Hamburg wird zum Vorbild für die weiteren Angriffe des Bomber Command, das ist vielleicht die verhängnisvollste Folge des 28. Juli. Auch in anderen Städten versuchen die Strategen fortan den Feuersturm zu entfachen. Bis in die letzten Kriegstage bemühen sie sich, die Munitionsmischungen und Abwurftechniken zu optimieren.

Vor allem die Reichshauptstadt wollen sie entzünden, aber „Berlin brennt schlecht", wie ein Bombenstratege enttäuscht feststellt: die lockere Bebauung und das Fehlen eines mittelalterlichen Stadtkerns vereiteln einen Feuersturm.

Anderswo ist die R. A. F. erfolgreich, etwa in Kassel, Darmstadt, Pforzheim, Würzburg, Heilbronn, Koblenz, Krefeld, Braunschweig. Doch nirgendwo erreicht das Feuer eine Dimension wie in Hamburg, nicht einmal in Dresden. Nur in Tokio, wo die US-Luftwaffe am 9. März 1945 einen Feuersturm schürt und mehr als 90 000 Menschen sterben.

Die Brandwaffe erreicht zuweilen eine höhere Vernichtungsdichte als die Atombombe. In Nagasaki stirbt jeder siebte Einwohner, beim Feuersturm in Pforzheim am 22. Februar 1945 kommt in 22 Minuten jeder dritte Bewohner um.

### „Dein Wille geschehe"

In Hamburg reißen die Herbststürme weitere Mauern in den Trümmerfeldern ein. Nach fünf Monaten erreicht die Produktionskapazität der Hansestadt wieder 80 Prozent des Vor-Juli-Niveaus. Und bis in den späten Oktober hinein blühen Pflanzen in den verbrannten Gebieten.

Die Alliierten fliegen noch 68 weitere Angriffe auf die Stadt, während des gesamten Krieges sterben in Hamburg rund 55 000 Einwohner unter 45 000 Tonnen Bomben.

Im April 1945 stehen britische Bodentruppen vor Hamburg. Gauleiter Kaufmann widersetzt sich dem Befehl Hitlers, die Stadt bis zum letzten Mann zu verteidigen, und übergibt sie kampflos. Es heißt, die Feuersturm-Nacht hätte ihn vom NS-Regime entfremdet.

Als Otto Sander 60 Jahre später von dem Feuersturm erzählt, bricht er in Tränen aus. Elfriede Sindel betet bei einem Pfingstgottesdienst im Jahr 2002 das Vaterunser. Bei den Worten „Dein Wille geschehe", jenen Worten, die sie immer wieder im Bunker murmelte, hätte sie „aufschreien mögen, so gewaltig stand das grausame Erleben, das damit verbunden ist", wieder vor ihr. Frank Wolfson meint, die Deutschen sollten in allen bombardierten Städten Denkmäler für Arthur Harris aufstellen, schließlich habe der sie „von den Nazis befreit". Hammerbrook wird nie wieder zum Wohnviertel. Heute stehen dort verglaste Bürobauten. Das Gebiet heißt jetzt City Süd.

Das „Leichentransportwesen ist weitgehend zerschlagen", so ein Polizeibericht, deswegen helfen Soldaten und Bürger bei der Bergung der Opfer.

Die meisten Opfer können nicht identifiziert werden und werden in Massengräbern auf dem Friedhof Ohlsdorf bestattet. Gegen den Gestank werden Wacholdersträucher neben den Gruben verbrannt.

Folgende Doppelseite:
Gegen 01.20 Uhr setzt
der Feuersturm ein. Tau-
sende von Einzelbränden
vereinigen sich zu einer
einzigen Feuerfront. Es
ist, als gäbe es auf einen
Schlag nichts als Flam-
men, als entzündeten sich
alle anderen Elemente.
Luft, Wasser, Erde – alles
brennt in dieser Nacht.

Der dritte britische
Nachtangriff, am
29./30. Juli, gilt Barm-
bek. Er löst keinen
Feuersturm aus, aber
die zerstörte Fläche ist
nahezu ebenso groß
wie zwei Nächte zuvor.
Der Blick über das
Gebiet rund um die
Schule Von-Essen-Straße
zeigt nur einen Bruch-
teil der Verwüstung.

Die Bergungsmannschaften kämpfen vor allem gegen den alles durchdringenden Geruch von Fäulnis, Verwesung und verkohltem Hausrat sowie gegen die Schwärme von Schmeißfliegen, die bereits kurz nach der Katastrophe alles bedecken, „große, grünschillernde, wie man sie nie gesehen hatte", schreibt Hans Erich Nossack.

Gegenüberliegende Seite: Auch Teile der Hamburger City sind nach dem dritten Nachtangriff völlig zerstört. Hier die Ecke Kornträgergang/Kaiser-Wilhelm-Straße

Folgende Doppelseite: Die Straße Kreuzbrook im Stadtteil Hamm liegt in der Hauptschneise des Feuersturms. Die meisten Bewohner ersticken in den Luftschutzkellern, bevor die Flammen sie erreichen oder Trümmer sie bedecken.

Vorangehende Doppel-
seite:
Von dem großen
Karstadt-Gebäude in
Barmbek bleibt nach
dem Angriff vom
29./30. Juli nur ein rau-
chender Trümmerhaufen
übrig, unter dem 500
Menschen begraben sind,
die sich in den Luft-
schutzraum unter dem
Kaufhaus geflüchtet hat-
ten.

Räumtrupps bahnen sich nach dem Angriff vom 25./26. Juli einen Weg durch die Trümmermassen in der Großen Bergstraße in Altona.

Folgende Doppelseite: Erst als alles Brennbare vernichtet ist, läßt der Feuersturm nach. Schwerer Brandgeruch liegt über der Stadt. Wie Skelette ragen die ausgebrannten Häuser in den auch tagsüber nicht heller werdenden Himmel. Erst Ende September werden die entlaubten Bäume neue Knospen treiben – als triumphiere die Natur über die Schrecken des Bombenkrieges. Für viele Menschen in den Trümmern sind die späten Blüten wie ein Zeichen für ein Leben nach der Katastrophe.

Der Bombenkrieg ist ein fürchterlicher Gleichmacher: Er stürzt alle Ausgebombten in die gleichen Nöte – woher das Nötigste beschaffen, wo neue Unterkunft finden, wie zur Arbeit kommen, falls die Arbeitsstelle noch existiert? Plötzlich werden alle zu Wanderern durch die Trümmer, um das Überleben zu organisieren.

Gegenüberliegende Seite:
Die wenigen Überleben-
den, die zu genaueren
Beobachtungen imstande
sind, entdecken in den
Trümmern nicht selten
eine bizarre Ästhetik
der Vernichtung, wie hier
an der Süderstraße; ande-
ren, so dem ehemaligen
Oberbaudirektor Fritz
Schumacher, fehlt dage-
gen „alles Malerische der
Ruine".

In der apokalyptischen
Landschaft ihrer ein-
stigen Heimat an der
Süderstraße in Hamm
verbringen die beiden
Männer die ersten
Nächte nach der Feuer-
sturmnacht auf der
Parkbank – wie die
meisten Überlebenden
sind sie apathisch und oft
tagelang in einer Art
Schockstarre gefangen.

Vorangehende Doppel-
seite:
Die Vernichtung kennt
keine Regel. Ein Häuser-
block brennt bis auf
die Grundmauern ab, auf
der gegenüberliegenden
Straßenseite aber bleiben
die Gebäude weitgehend
intakt, wie etwa an der
Stadthausbrücke und am
Alten Steinweg.

Gegenüberliegende Seite:
Löschversuche am
Broschek-Haus, das
bereits in der ersten
schweren Angriffsnacht
im Juli abbrennt

Schornsteine, Mauerreste
und Fensterhöhlen sind
alles, was von diesem
Gebäude in der Altonaer
Großen Bergstraße übrig-
geblieben ist.

„Schon als ich den Heu-
berg hinaufging, wäre
ich beinahe wieder umge-
kehrt, um die Wahrheit
nicht zu sehen". (Hans
Erich Nossack)

In der Feuersturmnacht
knickt die Kirchturm-
spitze von St. Katharinen
ab, und die Glocken,
die jahrhundertelang die
Stadt beschallt haben,
stürzen herab: die kleine
Stundenglocke aus dem
Jahre 1457 und die große
Glocke von 1626.

Gegenüberliegende Seite:
Der barocke Turm der
Hauptkirche St. Kathari-
nen ist vor dem Krieg
für viele Hamburger das
weit bedeutsamere
Symbol als jener von
St. Michaelis, der heute
als markanter gilt.
„Nun steht nur noch ein
kläglicher Stumpf des
Turmes da, verrottet und
schwarz angeraucht".
(Hans Erich Nossack)

Vorangehende Doppel-
seite:
Mit bemerkenswerter
Akribie räumen die
Bürger nicht nur an der
Stadthausbrücke und
am Rödingsmarkt schon
bald die Straßen frei.
Wie Beschwörungen
einer Normalität ziehen
sich die sauber geputzten
Wege fortan durch das
Chaos der Trümmer,
das oft erst in den
1950er Jahren beseitigt
wird.

Für Altona und seine
Bewohner bedeutet
die Nacht vom 25. auf
den 26. Juli 1943 den
Untergang, auch ohne
Feuersturm. Weite Teile
des Viertels werden
beim ersten Angriff der
„Operation Gomorrha"
zerstört, am folgenden
Tag strömen viele mit
ihren geretteten Habse-
ligkeiten zum Bahnhof,
um die Stadt zu verlas-
sen.

Gegenüberliegende Seite:
Für viele gibt es aus
dieser Feuersbrunst kein
Entrinnen. Die Luft-
schutzkeller unter
den Gebäuden werden
zur tödlichen Falle.

Der Feuerschein der
brennenden Stadt ist
noch in 200 Kilometern
Entfernung zu sehen.
Im 80 Kilometer entfern-
ten Lübeck gehen am Tag
nach dem Feuersturm
verkohlte Bücher nieder,
die vom Brand in die
Atmosphäre geschleudert
worden waren.

Schwer getroffen durch
die Juli-Angriffe ist
der Nahverkehr, das U-
und S-Bahnnetz, wie hier
am Nagelsweg in Ham-
merbrook. Das lähmt
das Leben der weitläufi-
gen Hansestadt und trägt
dazu bei, daß in der
ersten Zeit nach den
Angriffen die noch funk-
tionierenden Fabriken
unter erheblichem Kräf-
temangel leiden: Die
Angestellten haben
schlicht keine Möglich-
keit, ihre Arbeitsstellen
zu erreichen.

Während des Feuer-
sturms springen viele
Menschen in die Fleete,
um sich zu retten – was
nicht immer das Überle-
ben garantiert. Zuweilen
brennen Öllachen auf
dem Wasser, oder die
Menschen ertrinken vor
Erschöpfung. An der
Hammerbrooker Schleu-
se läßt sich die Gewalt
des Feuers auch an den
Schiffen und Schuten
ablesen, die den Glut-
sturm nicht überstanden.

Nach den Angriffen des Juli 1943 wird Hamburg noch fast 100mal attakkiert und immer wieder schwer getroffen; etwa am 18. Juni 1944 durch einen US-amerikanischen Tagesangriff die Innenstadt rund um Mönckebergstraße und Gerhart-Hauptmann-Platz.

Gegenüberliegende Seite: Die Bergungsarbeiten gehen langsam und mühsam vonstatten, denn es fehlt an Baggern und technischem Gerät. Alle verfügbaren Ressourcen werden an die Front gebracht.

Für die Kinder sind die Angriffe nicht minder schrecklich, und doch verfügen sie über die Gabe, den zerstörten Lebensraum als Spiel- und Abenteuerfläche zu entdecken. Beliebt ist es, in den Trümmern gefundene Granatsplitter zu tauschen, gefährlich und oft tödlich ist das Hantieren mit Blindgängern, die massenhaft herumliegen.

Gegenüberliegende Seite: Als alles vorüber ist, im Sommer 1945, machen sich die Hamburger unterhalb der Michaeliskirche mit einfachstem Gerät an den Wiederaufbau: mit Hammer und Spitzhacke, aber vor allem mit schier unerschöpflichem Willen.

Vorangehende Doppel-
seite:
Eine ganze Generation
von Kindern kennt
Hamburg nur als zerstör-
te Stadt, als Trümmer-
feld, wie noch 1946 am
Bullerdeich in Hamm.
Alles ist von der Verwü-
stung geprägt, die Wohn-
verhältnisse ebenso wie
der tägliche Gang zur
Schule – was die kindli-
che Fröhlichkeit nicht
dauerhaft unterdrücken
kann.

Das Leben geht weiter –
dieser Satz fällt oft in
den Tagen der Zerstö-
rung, und kaum einer ist
so zutreffend. Auch
für dieses Liebespaar auf
seinem Weg durch die
Trümmerlandschaft

In den letzten Kriegs-
tagen gibt es keinen
erschütternderen Aus-
blick als jenen herab vom
Turm der St. Michaelis-
kirche, dem einzigen ver-
bliebenen Aussichts-
punkt Hamburgs: in
alle Richtungen nur leere
Häuserhüllen, eine ver-
wüstete Stadt, über die
Wolken trockenen roten
Mörtelstaubs schweben.

# Daten zum Bombenkrieg

Chronologie des Bombenkrieges 1939–1945

Anzahl der Bombenopfer in deutschen Städten während des Zweiten Weltkrieges

Vergleich der Bombenabwurfmengen über Deutschland und Großbritannien 1940–1945

Zerstörungsgrad deutscher Kleinstädte 1945 (Größe 1939: 5 000 – 20 000 Einwohner)

Zerstörungsgrad deutscher Groß- und Mittelstädte

Bombenangriffe auf Deutschland zwischen 1940 und 1945

Seite des Hamburger Fremdenblatts vom 11. September 1943

„Operation Gomorrha"
25. Juli – 3. August 1943: Zeittafel der Luftangriffe auf Hamburg

# Chronologie des Bombenkrieges

1. September 1939
Die deutsche Luftwaffe greift bei einem Terrorangriff die polnische Kleinstadt Wielún an, mehrere hundert Tote, Beginn des Zweiten Weltkrieges

25. September 1939
Luftwaffe und Artillerie zerstören Warschau weitgehend, womöglich 20 000 Tote

10. Mai 1940
Winston Churchill wird britischer Premierminister; einen Tag später verkündet sein Kriegskabinett, auf deutsche Zivilisten werde bei Luftangriffen fortan keine Rücksicht mehr genommen.

12. Mai 1940
Erster Angriff der Royal Air Force (R. A. F.) auf eine deutsche Stadt: Mönchengladbach, 4 Tote

18. Mai 1940
Erster Angriff auf Hamburg, zugleich der bislang größte Angriff gegen eine deutsche Stadt: 39 Tote, 72 Verletzte

14. Mai 1940
Die deutsche Luftwaffe zerstört in weiten Teilen Rotterdam, 825 Tote

Mai/Juni/Juli 1940
„Phoney war" zwischen England und Deutschland, Luftangriffe auf beiden Seiten, vor allem gegen militärisch-industrielle Ziele

13. August 1940
„Eagle Day", Auftakt der „Luftschlacht um England": Die Luftwaffe beginnt massive Angriffe vorwiegend gegen britische Stützpunkte mit dem Ziel, die Luftüberlegenheit zu gewinnen, um eine mögliche Invasion der Insel („Unternehmen Seelöwe") vorzubereiten. In den folgenden Wochen schwere Verluste auf beiden Seiten

24. August 1940
Erster – versehentlicher – Angriff der Luftwaffe gegen London, geringe Schäden

25. August – 4. September 1940
Fünf britische Angriffe auf Berlin

4. September 1940
Hitler verkündet in einer Rede, er werde nunmehr die britischen Städte „ausradieren" lassen.

7. September 1940
Beginn des „Blitz", der Luftoffensive gegen englische Städte und Industrie, mit einem Großangriff auf London. Ziel: England zum Friedensschluß zu zwingen

17. September 1940
Hitler entscheidet sich gegen die Invasion Englands

14. November 1940
Angriff auf Coventry, 550 Tote

31. Dezember 1940
Im Jahresverlauf 70 Angriffe auf Hamburg mit insgesamt 125 Toten und rund 600 Verletzten

6. April 1941
Deutscher Terrorangriff auf Belgrad. Hitler hat die Vernichtung der Stadt befohlen, rund 2 200 Tote

16. Mai 1941
Ende der deutschen Luftoffensive gegen England wegen des bevorstehenden Rußlandfeldzuges; während der neunmonatigen Luftangriffe sterben rund 30 000 Briten, rund 60 000 werden verletzt, allein in London verlieren 250 000 Bürger ihre Wohnung.

22. Juni 1941
Die „Operation Barbarossa" beginnt, der deutsche Überfall auf die Sowjetunion. In den ersten Stunden zerstört die Luftwaffe rund 2 300 sowjetische Flugzeuge, die meisten am Boden, und vernichtet so die numerisch stärkste Luftmacht der Welt. Im weiteren Verlauf des Rußland-Feldzuges konzentriert sich die Luftwaffe weitgehend auf die Truppenunterstützung.

9. Juli 1941
Churchill befiehlt das *moral bombing* des Deutschen Reiches mit dem Ziel, „die Moral der deutschen Zivilbevölkerung insgesamt zu zerstören und die der Industriearbeiter im besonderen".

31. Dezember 1941
Im Jahresverlauf 42 Angriffe auf Hamburg mit insgesamt 626 Toten, rund 2 000 Verletzten und ca. 7 000 Ausgebombten

14. Februar 1942
*Area Bombing Directive* der R. A. F.: Das „moralische" Flächenbomben wird zur offiziellen Doktrin des britischen Bomber Command. Im Anhang der Direktive heißt es: „Es ist klar, daß die Zielpunkte Siedlungsgebiete sein sollen und beispielsweise nicht Werften oder Luftfahrtindustrien. Das muß ganz deutlich gemacht werden."

23. Februar 1942
Arthur Harris wird Oberbefehlshaber des britischen Bomber Command.

29. März 1942
Erster Test, eine Stadt abzubrennen: Vernichtung der Lübecker Altstadt, 320 Tote

23.–27. April
Vernichtung der Rostocker Altstadt bei vier Angriffen, 30 000 Obdachlose

27. Juli 1942
Bis dahin schwerster Angriff auf Hamburg: 337 Tote, über 1 000 Verletzte

17. August 1942
Erster Einsatz US-amerikanischer Bomber in Europa gegen den großen Verschiebebahnhof von Rouen-Sotteville in Nordfrankreich

23. August 1942
Massive Angriffe der Luftwaffe auf Stalingrad, nach sowjetischen Angaben 40 000 Tote

31. Dezember 1942
Im Jahresverlauf 15 Angriffe auf Hamburg mit 499 Toten, ca. 1 700 Verletzten und ca. 15 000 Ausgebombten

21. Januar 1943
Im marokkanischen Casablanca vereinbaren Winston Churchill und US-Präsident Franklin D. Roosevelt die *Combined Bombing Offensive*, also die Koordination ihrer jeweiligen Luftstreitkräfte mit dem Ziel, „das militärische, industrielle und wirtschaftliche System Deutschlands zunehmend zu zerstören und zu zerschlagen und die Moral des deutschen Volkes zu untergraben".

18. Februar 1943
Reichspropagandaminister Joseph Goebbels verkündet im Berliner Sportpalast den „Totalen Krieg".

Juni 1943
Die *Pointblank Direktive* wird erlassen und markiert den Beginn der koordinierten Luftangriffe von R. A. F. und USAF (United States Air Force), etwa auf Berlin, Hamburg, das Ruhrgebiet.

27./28. Juli 1943
Feuersturm in Hamburg, 35 000 Tote

November 1943
Die deutsche Flugabwehr fügt den alliierten Luftstreitkräften die größten Verluste des Krieges bei.

November 1943 – Februar 1944
Die Luftwaffe verliert einen Großteil ihrer Abfangjäger, weil die USAF Langstrecken-Begleitjäger bis tief ins Reichsgebiet einsetzt. Vom 20. bis 25. Februar 1944 sogenannte „Big Week", bei der mit fast 10 000 alliierten Flugzeugeinsätzen die deutsche Luftindustrie – in Augsburg, Schweinfurt, Regensburg, Stuttgart – weitgehend ausgeschaltet wird. Danach verfügen die Westmächte praktisch über die uneingeschränkte Luftüberlegenheit.

31. Dezember 1943
Im Jahresverlauf 21 Angriffe auf Hamburg mit ca. 42 000 Toten, rund 125 000 Verletzten und mehr als 1 Million Ausgebombten

21. Januar – 29. Mai 1944
Knapp drei Dutzend Angriffe auf englische Städte, es entstehen geringe Schäden. Die Engländer verspotten die Attacken als „Baby Blitz", die Bomberflotte der Luftwaffe ist weitgehend aufgerieben.

April – November 1944
Zur Vorbereitung und Unterstützung der Invasion („Operation Overlord") alliierte Luftangriffe auf Städte in Frankreich und Belgien, mehr als 15 000 Tote

17. Juni 1944
Abschuß der ersten V1 gegen England, später kommen V2 hinzu, die vor allem gegen Antwerpen eingesetzt werden. Insgesamt detonieren 10 000 Raketen und töten ca. 30 000 Menschen.

31. Dezember 1944
Im Jahresverlauf 39 Angriffe auf Hamburg mit ca. 3 700 Toten, rund 4 300 Verletzten und 63 000 Ausgebombten; zahlreiche schwere Angriffe, die jeweils mehrere hundert Menschenleben fordern

13. Februar 1945
Feuersturm in Dresden, mehr als 30 000 Tote

24. Februar 1945
Feuersturm in Pforzheim, ca. 20 000 Tote; jeder dritte Bewohner stirbt, das ist, gemessen an der Bevölkerung, mehr als beim Atombombenabwurf auf Nagasaki, bei dem jeder siebte Bürger stirbt.

12. März 1945
Mit mehr als 1 000 Flugzeugen zerstört die USAF den Ostseehafen Swinemünde, der, wie den Angreifern bekannt, mit Flüchtlingen aus dem Osten überfüllt ist. Die offizielle Opferzahl – 23 000 – liegt sicherlich zu hoch, dennoch ist der Angriff einer der schwersten des Krieges.

8. Mai 1945
Kapitulation Deutschlands, Ende des Zweiten Weltkrieges in Europa

6. August 1945
Erster Abwurf einer Atombombe auf Hiroshima durch die Amerikaner. Über 200 000 Tote und 100 000 Verwundete

9. August 1945
Zweiter Abwurf einer Atombombe auf Nagasaki. 74 000 Tote

14. August 1945
Kapitulation Japans, Ende des Zweiten Weltkrieges

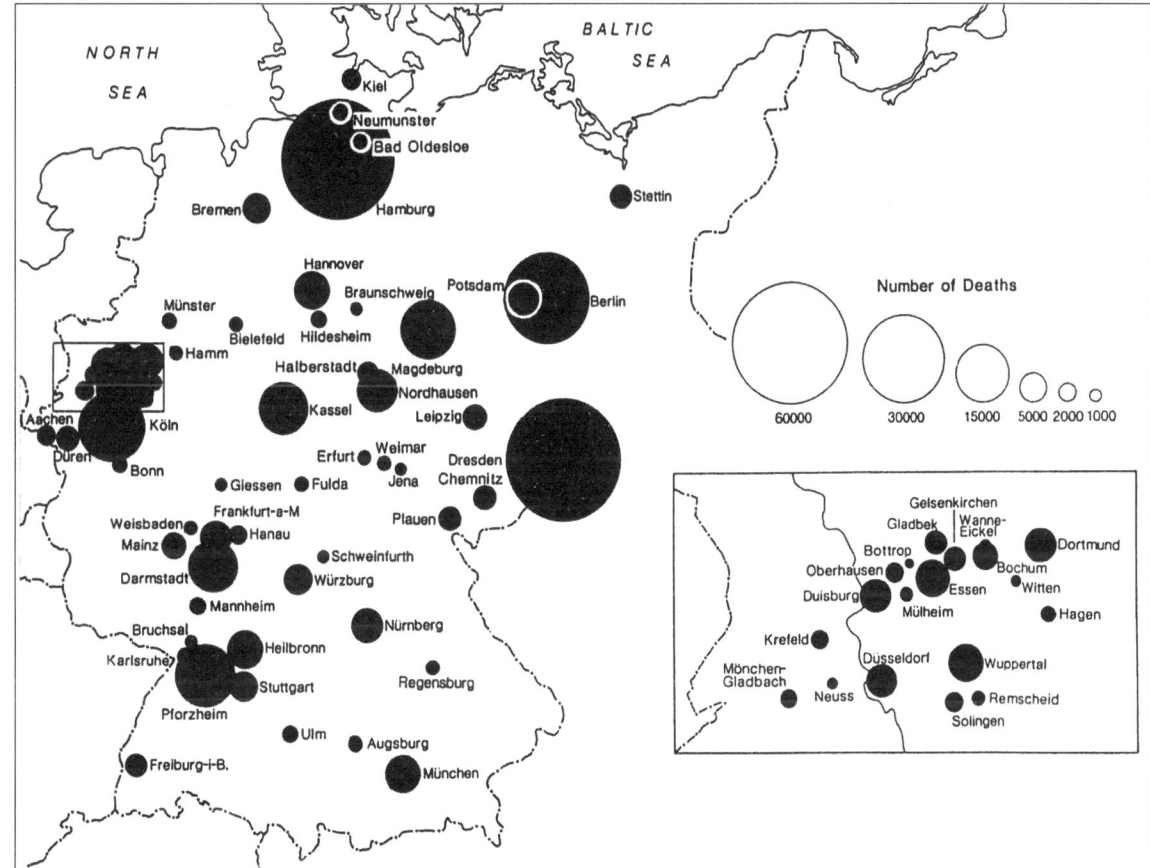

Anzahl der Bombenopfer
in deutschen Städten
während des
Zweiten Weltkrieges

aus: Kenneth Hewitt, Reign of Fire (in: Josef Nipper/
Manfred Nutz [Hg.], Kriegszerstörung und
Wiederaufbau deutscher Städte, Köln 1993, S. 47–59)

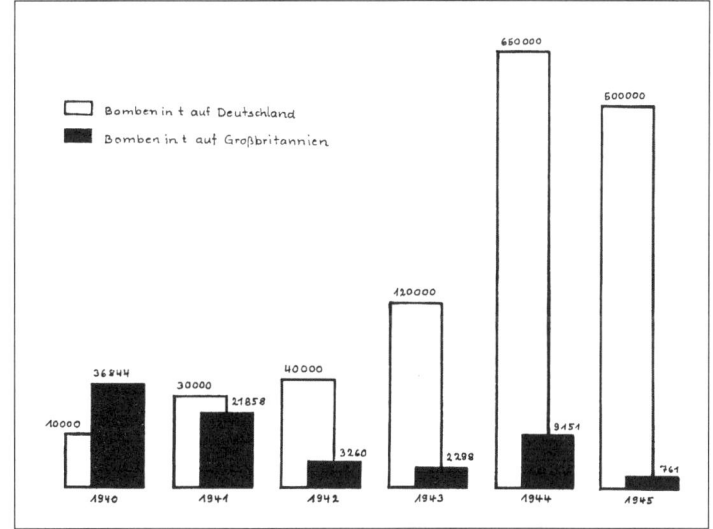

Vergleich der Bomben-
abwurfmengen über
Deutschland und Groß-
britannien 1940 bis 1945

aus: Uta Hohn, Die Zerstörung deutscher Städte im Zweiten Weltkrieg (Dortmund 1991)

Zerstörungsgrad
deutscher Kleinstädte
1945
(Größe 1939: 5 000 bis
20 000 Einwohner)

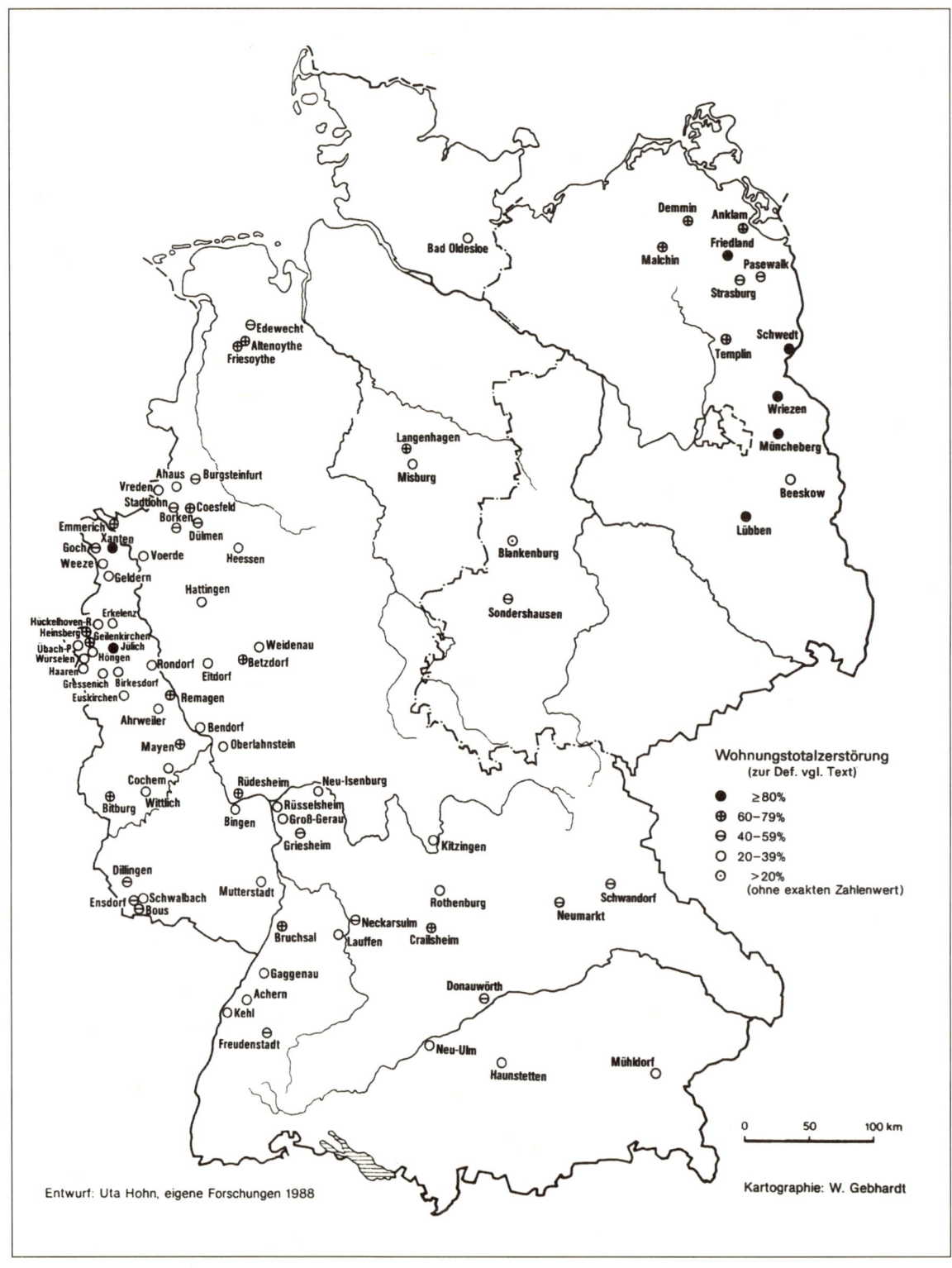

Zerstörungsgrad deutscher Städte

Demmin
Anklam
Bad Oldesloe
Malchin
Friedland
Pasewalk
Strasburg
Schwedt
Templin
Wriezen
Edewecht
Altenoythe
Friesoythe
Müncheberg
Langenhagen
Beeskow
Misburg
Lübben
Ahaus
Burgsteinfurt
Vreden
Stadtlohn
Coesfeld
Borken
Dülmen
Blankenburg
Emmerich
Xanten
Voerde
Heessen
Goch
Weeze
Geldern
Sondershausen
Hattingen
Erkelenz
Hückelhoven-R.
Heinsberg
Geilenkirchen
Weidenau
Übach-P.
Jülich
Wurselen
Höngen
Rondorf
Betzdorf
Haaren
Gressenich
Birkesdorf
Eitdorf
Euskirchen
Remagen
Ahrweiler
Bendorf
Mayen
Oberlahnstein
Cochem
Rüdesheim
Neu-Isenburg
Bitburg
Wittlich
Rüsselsheim
Kitzingen
Bingen
Groß-Gerau
Griesheim
Dillingen
Mutterstadt
Rothenburg
Schwandorf
Ensdorf
Schwalbach
Bous
Neumarkt
Bruchsal
Neckarsulm
Lauffen
Crailsheim
Gaggenau
Achern
Donauwörth
Kehl
Freudenstadt
Neu-Ulm
Mühldorf
Haunstetten

**Wohnungstotalzerstörung**
(zur Def. vgl. Text)

● ≥80%
⊕ 60–79%
⊖ 40–59%
○ 20–39%
⊙ >20%
(ohne exakten Zahlenwert)

0    50    100 km

Entwurf: Uta Hohn, eigene Forschungen 1988

Kartographie: W. Gebhardt

aus: Uta Hohn, Die Zerstörung deutscher Städte 1940–1945 (in: Josef Nipper/Manfred Nutz [Hg.],
Kriegszerstörung und Wiederaufbau deutscher Städte, Köln 1993, S. 3–23)

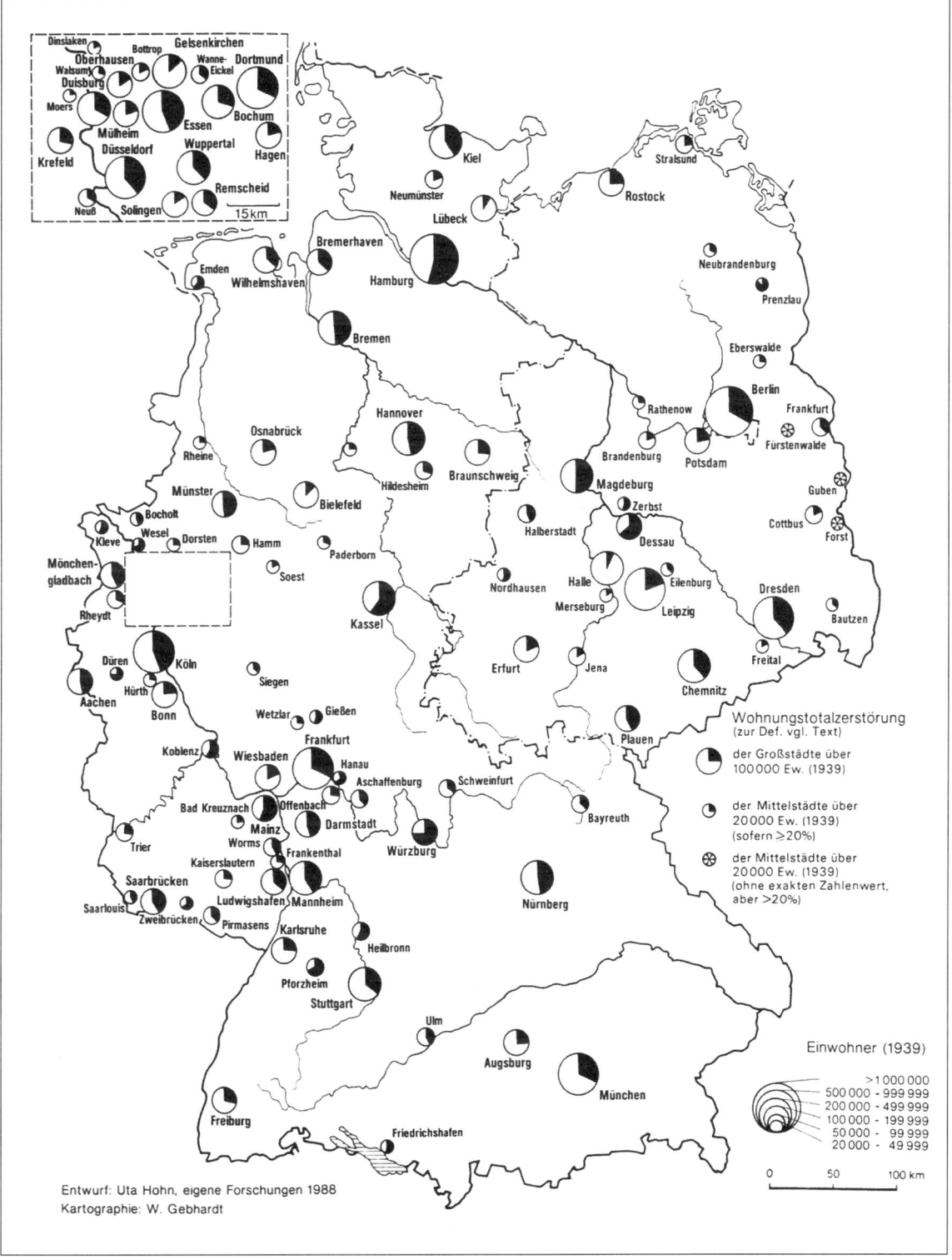

Entwurf: Uta Hohn, eigene Forschungen 1988
Kartographie: W. Gebhardt

aus: Uta Hohn, Die Zerstörung deutscher Städte 1940–1945 (in: Josef Nipper/Manfred Nutz [Hg.],
Kriegszerstörung und Wiederaufbau deutscher Städte, Köln 1993, S. 3–23)

# Bombenangriffe auf Deutschland zwischen 1940 und 1945

Die Auflistung verzeichnet Bombenangriffe auf deutsche Städte und Regionen zwischen 1940 und 1945 (* = US Air Force, übrige = Royal Air Force). Es wird kein Anspruch auf Vollständigkeit erhoben, Angriffe auf Infrastruktur und militärische Ziele sind nur teilweise erfaßt. Zahlen zu zivilen Opfern und Ausgebombten sind bei einigen schwereren Bombenangriffen angegeben, oft sind sie nicht mehr als Näherungswerte. Bei der Mehrzahl der Angriffe bewegen sich die Opferzahlen – wenn bekannt – zwischen 20 und 200 Toten.

Quellen: Roger A. Freeman, The Mighty Eighth War Diary, London 1981; Martin Middlebrook/ Chris Everitt, The Bomber Command War Diaries 1939-1945, Harmondsworth (u. a.) 1985; Kenneth Hewitt: Reign of Fire. The civilian experience and urban consequences of the destruction of German cities, 1942–1945, in: Nipper, Josef; Nutz, Manfred (Hg.): Kriegszerstörung und Wiederaufbau deutscher Städte. Geographische Studien zu Schadensausmaß und Bevölkerungsschutz im Zweiten Weltkrieg, zu Wiederaufbauideen und Aufbaurealität. Köln 1993, S. 47–59 (Kölner Geographische Arbeiten, 57).

| 1940 | |
|---|---|
| 11./12. Mai | Mönchengladbach |
| 15./16. Mai | Ruhrgebiet (erste strategische Bombardierung der deutschen Industrie) |
| 17./18. Mai | Hamburg, Bremen, Köln |
| 21./22. Mai | zwischen Mönchengladbach und Euskirchen, Münster |
| 22./23. Mai | Merseburg |
| 5./6. Juni | Hamburg |
| 6./7. Juni | Hamburg |
| 14./15. Juni | Ruhrgebiet, Süddeutschland, Konstanz |
| 17./18. Juni | Köln, Ruhrgebiet, Norddeutschland |
| 18./19. Juni | Ruhrgebiet, Mannheim, Bremen, Hamburg |
| 19./20. Juni | zwischen Hamburg und Mannheim |
| 20./21. Juni | Rheinland |
| 21./22. Juni | Ruhrgebiet, Nord-/Mitteldeutschland |
| 23. Juni | Osnabrück, Soest, Hamm |
| 23./24. Juni | Bremen, Ruhrgebiet, Rheinland |
| 30. Juni/1. Juli | Darmstadt, Hamburg, Hamm, Hanau |
| 1./2. Juli | Osnabrück, Kiel |
| 3. Juli | Hamburg |
| 5./6. Juli | Kiel |
| 15./16. Juli | Hamborn, Hannover, Osnabrück, Paderborn |
| 17./18. Juli | Gelsenkirchen |
| 26./27. Juli | Hamm, Ludwigshafen |
| 27./28. Juli | Hamburg, Bremen, Wilhelmshaven, Borkum |
| 29./30. Juli | Homberg, Köln, Hamm |
| 5./6. August | Hamburg, Kiel, Wilhelmshaven, Wismar |
| 6./7. August | Homberg, Reisholz |
| 7./8. August | Emmerich, Hamm, Soest, Kiel |
| 9./10. August | Köln, Ludwigshafen |
| 10./11. August | Hamburg |
| 11./12. August | Ruhrgebiet |
| 16./17. August | Ruhrgebiet, Frankfurt, Augsburg, Jena, Leuna |
| 17./18. August | Braunschweig |
| 18./19. August | Rheinfelden, Freiburg |
| 24./25. August | Stuttgart |
| 25./26. August | Berlin, Bremen, Köln, Hamm |
| 26./27. August | Hannover, Leipzig, Leuna, Nordhausen |
| 28./29. August | Berlin |
| 29./30. August | Bottrop, Essen, Mannheim, Soest |
| 31. August | Berlin, Köln |
| 3./4. September | Berlin, Magdeburg, Ruhrgebiet |
| 4./5. September | Stettin, Magdeburg, Berlin |
| 8./9. September | Hamburg, Bremen, Emden |
| 10./11. September | Berlin, Bremen |
| 23./24. September | Berlin |
| 26./27. September | Dortmund, Kiel |
| 5./6. Oktober | Köln, Gelsenkirchen, Hamm, Osnabrück, Soest |
| 7./8. Oktober | Berlin |
| 13./14. Oktober | Ruhrgebiet, Wilhelmshaven, Kiel |
| 14./15. Oktober | Berlin, Stettin, Magdeburg, Böhlen |
| 16./17. Oktober | Bremen, Kiel, Merseburg |
| 18./19. Oktober | Hamburg, Lünen |
| 19./20. Oktober | Osnabrück |
| 20./21. Oktober | Berlin |
| 21./22. Oktober | Köln, Hamburg, Stuttgart, Reisholz |
| 28./29. Oktober | Hamburg |
| 30./31. Oktober | Duisburg, Emden |
| 1./2. November | Berlin, Gelsenkirchen, Magdeburg |
| 6./7. November | Berlin |
| 7./8. November | Essen, Köln |
| 12./13. November | Gelsenkirchen |
| 14./15. November | Berlin, Hamburg |
| 15./16. November | Hamburg |
| 16./17. November | Hamburg, Kiel |
| 17./18. November | Gelsenkirchen, Hamm |
| 18./19. November | Merseburg |
| 20./21. November | Duisburg |
| 22./23. November | Dortmund, Duisburg, Wanne-Eickel |
| 24./25. November | Hamburg |
| 25./26. November | Wilhelmshaven |
| 27./28. November | Köln |
| 28./29. November | Düsseldorf |
| 29./30. November | Bremen, Köln |
| 3./4. Dezember | Duisburg, Essen, Mannheim |
| 4./5. Dezember | Düsseldorf |
| 5./6. Dezember | Gelsenkirchen |
| 7./8. Dezember | Düsseldorf |
| 8./9. Dezember | Düsseldorf |
| 9./10. Dezember | Bremen |
| 11./12. Dezember | Mannheim |
| 13./14. Dezember | Bremen, Kiel |
| 15./16. Dezember | Berlin, Frankfurt, Kiel |
| 16./17. Dezember | Mannheim (erstes „Area-Bombing" der R.A.F.) |
| 17./18. Dezember | Mannheim |
| 18./19. Dezember | Mannheim |
| 19./20. Dezember | Köln, Duisburg, Gelsenkirchen |
| 20./21. Dezember | Berlin, Gelsenkirchen |
| 23./24. Dezember | Mannheim, Ludwigshafen |
| 29./30. Dezember | Frankfurt/M., Hamm |

| 1941 | | | |
|---|---|---|---|
| 1./2. Januar | Bremen | 16./17. Mai | Köln |
| 2./3. Januar | Bremen, Emden | 17./18. Mai | Köln, Kiel |
| 3./4. Januar | Bremen | 23./24. Mai | Köln |
| 8./9. Januar | Wilhelmshaven, Emden | 27./28. Mai | Köln |
| 9./10. Januar | Gelsenkirchen | 28./29 Mai | Kiel |
| 11./12. Januar | Wilhelmshaven | 2./3. Juni | Düsseldorf, Duisburg, Berlin |
| 13./14. Januar | Wilhelmshaven | 11. Juni | Bremerhaven |
| 15./16. Januar | Wilhelmshaven | 11./12. Juni | Düsseldorf, Duisburg |
| 16./17. Januar | Wilhelmshaven | 12./13. Juni | Soest, Schwerte, Hamm, Osnabrück, Hüls |
| 22./23. Januar | Düsseldorf | 14./15. Juni | Köln |
| 26./27. Januar | Hannover | 15./16. Juni | Köln, Düsseldorf, Hannover |
| 29./30. Januar | Wilhelmshaven | 16./17. Juni | Köln, Düsseldorf, Duisburg |
| 4./5. Februar | Düsseldorf | 17./18. Juni | Köln, Düsseldorf, Duisburg |
| 10./11. Februar | Hannover | 19./20. Juni | Köln, Düsseldorf |
| 11./12. Februar | Bremen | 20./21. Juni | Kiel |
| 14./15. Februar | Gelsenkirchen, Homberg | 21./22. Juni | Köln, Düsseldorf |
| 15./16. Februar | Homberg | 22./23. Juni | Bremen, Wilhelmshaven |
| 21./22. Februar | Wilhelmshaven | 23./24. Juni | Köln, Kiel, Düsseldorf |
| 25./26. Februar | Düsseldorf | 24./25. Juni | Köln, Kiel, Düsseldorf |
| 26./27. Februar | Köln | 25./26. Juni | Bremen, Kiel |
| 28. Februar | Wilhelmshaven | 26./27. Juni | Köln, Düsseldorf, Kiel |
| 1./2. März | Köln | 27./28. Juni | Bremen |
| 3./4. März | Köln | 29./30. Juni | Bremen, Hamburg |
| 10./11. März | Köln | 30. Juni/1. Juli | Ruhrgebiet |
| 11./12. März | Kiel | 2./3. Juli | Bremen, Köln, Duisburg |
| 12./13. März | Hamburg, Bremen, Berlin | 3./4. Juli | Essen, Bremen |
| 13./14. März | Hamburg | 5./6. Juli | Münster, Osnabrück, Bielefeld |
| 14./15. März | Gelsenkirchen, Düsseldorf | 6./7. Juli | Münster, Dortmund |
| 15./16. März | Düsseldorf | 7./8. Juli | Köln, Osnabrück, Münster |
| 17./18. März | Bremen, Wilhelmshaven | 8./9. Juli | Hamm, Münster, Bielefeld, Merseburg |
| 18./19. März | Kiel, Wilhelmshaven | 9./10. Juli | Aachen, Osnabrück |
| 19./20. März | Köln | 10./11. Juli | Köln |
| 23./24. März | Berlin, Kiel, Hannover | 11./12. Juli | Wilhelmshaven |
| 27./28. März | Köln, Düsseldorf | 12./13. Juli | Bremen |
| 31. März/1. April | Bremen | 14./15. Juli | Bremen, Hannover |
| 7./8. April | Kiel, Bremerhaven | 16./17. Juli | Hamburg |
| 8./9. April | Kiel, Bremerhaven | 17./18. Juli | Köln |
| 9./10. April | Berlin | 19./20. Juli | Hannover |
| 10./11. April | Düsseldorf | 20./21. Juli | Köln |
| 15./16. April | Kiel | 21./22. Juli | Frankfurt, Mannheim |
| 16./17. April | Bremen | 22./23. Juli | Frankfurt, Mannheim |
| 17./18. April | Berlin | 23./24. Juli | Mannheim, Frankfurt |
| 20./21. April | Köln | 24./25. Juli | Kiel, Emden |
| 24./25. April | Kiel | 25./26. Juli | Hannover, Hamburg |
| 25./26. April | Kiel | 30./31. Juli | Köln |
| 26./27. April | Hamburg | 2./3. August | Hamburg, Berlin, Kiel |
| 29./30. April | Mannheim | 5./6. August | Mannheim, Karlsruhe, Frankfurt |
| 30. April/1. Mai | Kiel | 6./7. August | Frankfurt, Mannheim, Karlsruhe |
| 2./3. Mai | Hamburg | 7./8. August | Essen, Hamm, Dortmund |
| 3./4. Mai | Köln | 8./9. August | Kiel, Hamburg |
| 5./6. Mai | Mannheim | 11./12. August | Krefeld, Mönchengladbach |
| 6./7. Mai | Hamburg | 12./13. August | Berlin, Hannover, Magdeburg, Essen |
| 8./9. Mai | Hamburg, Bremen, Bremerhaven, Kiel | 14./15. August | Hannover, Braunschweig, Magdeburg |
| 9./10. Mai | Mannheim, Ludwigshafen | 16./17. August | Köln, Düsseldorf, Duisburg |
| 10./11. Mai | Hamburg, Berlin | | |
| 11./12. Mai | Hamburg, Bremen | | |
| 12./13. Mai | Mannheim, Ludwigshafen, Köln | | |
| 15./16. Mai | Hannover | | |

| Datum | Ort | | Datum | Ort |
|---|---|---|---|---|
| 17./18. August | Bremen, Duisburg | | **1942** | |
| 18./19. August | Köln, Duisburg | | 10./11. Januar | Wilhelmshaven |
| 19./20. August | Kiel | | 14./15. Januar | Hamburg |
| 22./23. August | Mannheim | | 15./16. Januar | Hamburg, Bremen |
| 24./25. August | Düsseldorf | | 17./18. Januar | Bremen |
| 25./26. August | Karlsruhe, Mannheim | | 20./21. Januar | Emden |
| 26./27. August | Köln | | 21./22. Januar | Emden, Bremen |
| 27./28. August | Mannheim | | 22./23. Januar | Münster |
| 28./29. August | Duisburg | | 26./27. Januar | Hannover, Emden |
| 29./30. August | Frankfurt, Mannheim | | 28./29. Januar | Münster |
| 31. August | Köln, Essen | | 11./12. Februar | Mannheim |
| 2./3. September | Frankfurt, Berlin | | 14./15. Februar | Mannheim |
| 6./7. September | Hüls | | 22./23. Februar | Wilhelmshaven |
| 7./8. September | Berlin, Kiel | | 25./26. Februar | Kiel |
| 8./9. September | Kassel | | 8./9. März | Essen |
| 11./12. September | Rostock, Kiel, Warnemünde | | 9./10. März | Duisburg |
| 12./13. September | Frankfurt | | 10./11. März | Essen |
| 15./16. September | Hamburg | | 12./13. März | Kiel |
| 16./17. September | Karlsruhe | | 13./14. März | Köln |
| 17./18. September | Karlsruhe | | 25./26. März | Essen |
| 19./20. September | Stettin | | 26./27. März | Essen |
| 20./21. September | Berlin, Frankfurt | | 28./29. März | Lübeck |
| 26./27. September | Köln, Emden, Mannheim | | | *320 Tote* |
| 28./29. September | Frankfurt | | | *39.000 Ausgebombte* |
| 29./30. September | Stettin, Hamburg | | 1./2. April | Hanau |
| 30. Sept./1. Oktober | Hamburg, Stettin | | 5./6. April | Köln |
| 1./2. Oktober | Karlsruhe, Stuttgart | | 6./7. April | Essen |
| 10./11. Oktober | Essen, Köln | | 8./9. April | Hamburg |
| 12./13. Oktober | Nürnberg, Bremen, Hüls | | 10./11. April | Essen |
| 13./14. Oktober | Düsseldorf, Köln | | 12./13. April | Essen |
| 14./15. Oktober | Nürnberg | | 14./15. April | Dortmund |
| 15./16. Oktober | Köln | | 15./16. April | Dortmund |
| 16./17. Oktober | Duisburg | | 17./18. April | Hamburg |
| 20./21. Oktober | Bremen, Wilhelmshaven, Emden | | 22./23. April | Köln |
| 21./22. Oktober | Bremen | | 23./24. April | Rostock |
| 22./23. Oktober | Mannheim | | 24./25. April | Rostock |
| 23./24. Oktober | Kiel | | 25./26. April | Rostock |
| 24./25. Oktober | Frankfurt | | 26./27. April | Rostock |
| 26./27. Oktober | Hamburg | | | *200 Tote* |
| 31. Oktober | Hamburg, Bremen | | | *30.000 Ausgebombte* |
| 1./2. November | Kiel | | 27./28. April | Köln |
| 4./5. November | Essen | | 28./29. April | Kiel |
| 7./8. November | Berlin, Köln, Mannheim | | 3./4. Mai | Hamburg |
| 8./9. November | Essen | | 4./5. Mai | Stuttgart |
| 9./10. November | Hamburg | | 5./6. Mai | Stuttgart |
| 15./16. November | Emden, Kiel | | 6./7. Mai | Stuttgart |
| 26./27. November | Emden | | 8./9. Mai | Warnemünde |
| 27./28. November | Düsseldorf | | 19./20. Mai | Mannheim |
| 30. Nov./1. Dez. | Hamburg, Emden | | 30./31. Mai | Köln |
| 7./8. Dezember | Aachen | | | *486 Tote* |
| 11./12. Dezember | Köln | | | *45.000 Ausgebombte* |
| 16./17. Dezember | Wilhelmshaven | | 1./2. Juni | Essen |
| 22./23. Dezember | Wilhelmshaven | | 2./3. Juni | Essen |
| 23./24. Dezember | Köln | | 3./4. Juni | Bremen |
| 27./28. Dezember | Düsseldorf | | 5./6. Juni | Essen |
| 28./29. Dezember | Wilhelmshaven, Hüls, Emden | | 6./7. Juni | Emden |
| | | | 8./9. Juni | Essen |
| | | | 16./17. Juni | Essen |
| | | | 19./20. Juni | Emden |
| | | | 20./21. Juni | Emden |

| | |
|---|---|
| 22./23. Juni | Emden |
| 25./26. Juni | Bremen |
| 27./28. Juni | Bremen |
| 29./30. Juni | Bremen |
| 2./3. Juli | Bremen |
| 8./9. Juli | Wilhelmshaven |
| 11. Juli | Danzig |
| 13./14. Juli | Duisburg |
| 19./20. Juli | Bremen |
| 21./22. Juli | Duisburg |
| 23./24. Juli | Duisburg |
| 25./26. Juli | Duisburg |
| 26./27. Juli | Hamburg |
| | *337 Tote* |
| | *14.000 Ausgebombte* |
| 28./29. Juli | Hamburg |
| 29./30. Juli | Saarbrücken |
| 31. Juli/1. August | Neuss |
| | *279 Tote* |
| | *12.000 Ausgebombte* |
| | Düsseldorf |
| 6./7. August | Duisburg |
| 9./10. August | Osnabrück |
| 11./12. August | Mainz |
| 12./13. August | Mainz |
| 15./16. August | Düsseldorf |
| 17./18. August | Osnabrück |
| 18./19. August | Flensburg |
| 24./25. August | Frankfurt/M. |
| 27./28. August | Kassel |
| 28./29. August | Nürnberg, Saarbrücken |
| 1./2. September | Saarbrücken |
| 2./3. September | Karlsruhe |
| 4./5. September | Bremen |
| 6./7. September | Duisburg |
| 8./9. September | Frankfurt/M., Rüsselsheim |
| 10./11. September | Düsseldorf |
| 13./14. September | Bremen |
| 14./15. September | Wilhelmshaven |
| 16./17. September | Essen |
| 19./20. September | Saarbrücken, München |
| 23./24. September | Wismar |
| 1./2. Oktober | Wismar |
| 2./3. Oktober | Krefeld |
| 5./6. Oktober | Aachen |
| 6./7. Oktober | Osnabrück |
| 13./14. Oktober | Kiel |
| 15./16. Oktober | Köln |
| 9./10. November | Hamburg |
| 22./23. November | Stuttgart |
| 2./3. Dezember | Frankfurt/M. |
| 6./7. Dezember | Mannheim |
| 20./21. Dezember | Duisburg |
| 21./22. Dezember | München |

| **1943** | |
|---|---|
| 3./4. Januar | Essen |
| 4./5. Januar | Essen |
| 7./8. Januar | Essen |
| 8./9. Januar | Duisburg |
| 9./10. Januar | Essen |
| 11./12. Januar | Essen |
| 12./13. Januar | Essen, Remscheid, Solingen, Wuppertal |
| 13./14. Januar | Essen |
| 16./17. Januar | Berlin |
| 17./18. Januar | Berlin |
| 27./28. Januar | Düsseldorf |
| 30./31. Januar | Hamburg |
| 2./3. Februar | Köln |
| 4. Februar* | Emden, Hamm |
| 3./4. Februar | Hamburg |
| 11./12. Februar | Wilhelmshaven |
| 14. Februar* | Hamm |
| 14./15. Februar | Köln |
| 18./19. Februar | Wilhelmshaven |
| 19./20. Februar | Wilhelmshaven |
| 21./22. Februar | Bremen |
| 24./25. Februar | Wilhelmshaven |
| 25./26. Februar | Nürnberg, Fürth |
| 26./27. Februar | Köln |
| 1./2. März | Berlin |
| | *709 Tote* |
| | *64.909 Ausgebombte* |
| 3./4. März | Hamburg, Duisburg |
| 4. März* | Hamm |
| 5./6. März | Essen |
| | *461 Tote* |
| | *30.000 Ausgebombte* |
| 8./9. März | Nürnberg |
| 9./10. März | München |
| 11./12. März | Stuttgart |
| 12./13. März | Essen |
| 18. März* | Bremen |
| 22. März* | Wilhelmshaven |
| 26./27. März | Duisburg |
| 27./28. März | Berlin |
| 29./30. März | Berlin, Bochum |
| 3./4. April | Essen |
| 4./5. April | Kiel |
| 8./9. April | Duisburg |
| 9./10. April | Duisburg |
| 10./11. April | Frankfurt |
| 14./15. April | Stuttgart |
| | *619 Tote* |
| 16./17. April | Mannheim |
| 17. April* | Bremen |
| 20./21. April | Stettin |
| | *586 Tote* |
| | Rostock |
| 26./27. April | Duisburg |
| 30. April/1. Mai | Essen |
| 4./5. Mai | Dortmund |
| | *693 Tote* |
| | *40.000 Ausgebombte* |

| Datum | Ort |
|---|---|
| 12./13. Mai | Duisburg |
| 13./14. Mai | Bochum |
| | *302 Tote* |
| 14. Mai* | Kiel |
| 16./17. Mai | Möhnetalsperre |
| | *1.294 Tote* |
| 19. Mai* | Kiel |
| 23./24. Mai | Dortmund |
| | *599 Tote* |
| 25./26. Mai | Düsseldorf |
| 27./28. Mai | Essen |
| 29./30. Mai | Wuppertal |
| | *3.400 Tote* |
| | *130.000 Ausgebombte* |
| 11. Juni* | Wilhelmshaven, Cuxhaven |
| 11./12. Juni | Düsseldorf |
| | *1.292 Tote* |
| | *140.000 Ausgebombte* |
| | Münster |
| 12./13. Juni | Bochum |
| | *312 Tote* |
| 13. Juni* | Bremen |
| 14./15. Juni | Oberhausen |
| 16./17. Juni | Köln |
| 20./21. Juni | Friedrichshafen |
| 21./22. Juni | Krefeld |
| | *1.056 Tote* |
| | *72.600 Ausgebombte* |
| 22. Juni | Hüls |
| 22./23. Juni | Mülheim |
| | *578 Tote* |
| 24./25. Juni | Wuppertal |
| | *1.800 Tote* |
| | *112.000 Ausgebombte* |
| 25. Juni* | Wangerooge |
| 25./26. Juni | Gelsenkirchen, Solingen, Düsseldorf |
| 28./29. Juni | Köln |
| | *4.377 Tote* |
| | *230.000 Ausgebombte* |
| 3./4. Juli | Köln |
| | *588 Tote* |
| | *72.000 Ausgebombte* |
| 8./9. Juli | Köln |
| | *502 Tote* |
| | *48.000 Ausgebombte* |
| 9./10. Juli | Gelsenkirchen |
| 13./14. Juli | Aachen |
| | *294 Tote* |
| | *40.000 Ausgebombte* |
| 24./25. Juli | Hamburg |
| | *1.500 Tote* |
| | *380.000 Ausgebombte* |
| 25. Juli* | Hamburg, Kiel |
| 25./26. Juli | Essen |
| | *über 500 Tote* |
| | *100.000 Ausgebombte* |
| 26. Juli* | Hannover |

| Datum | Ort |
|---|---|
| 27./28. Juli | Hamburg |
| | *35.000 Tote* |
| | *800.000 Ausgebombte* |
| 29. Juli* | Kiel |
| 29./30. Juli | Hamburg |
| | *1.000 Tote* |
| | *150.000 Ausgebombte* |
| 30. Juli* | Kassel |
| 30./31. Juli | Remscheid |
| | *1.120 Tote* |
| | *40.000 Ausgebombte* |
| 2./3. August | Hamburg |
| 9./10. August | Mannheim |
| | *269 Tote* |
| 10./11. August | Nürnberg |
| | *585 Tote* |
| | *28.000 Ausgebombte* |
| 12. August* | Bochum, Recklinghausen, Gelsenkirchen |
| 17. August* | Regensburg |
| 17./18. August | Peenemünde |
| | *780 Tote* |
| 22./23. August | Leverkusen, Düsseldorf, Solingen |
| 23./24. August | Berlin |
| | *899 Tote* |
| | *103.558 Ausgebombte* |
| 27./28. August | Nürnberg |
| 30./31. August | Mönchengladbach |
| 31. Aug./1. Sept. | Berlin |
| 3./4. September | Berlin |
| | *623 Tote* |
| | *39.844 Ausgebombte* |
| 5./6. September | Ludwigshafen |
| | *127 Tote* |
| | *20.000 Ausgebombte* |
| | Mannheim |
| 6. September* | Stuttgart |
| 6./7. September | München |
| 22./23. September | Hannover |
| 23./24. September | Mannheim, Ludwigshafen, Darmstadt |
| 27. September* | Emden |
| 27./28. September | Hannover, Braunschweig |
| 29./30. September | Bochum |
| 1./2. Oktober | Hagen |
| | *266 Tote* |
| | *30.000 Ausgebombte* |
| 2. Oktober* | Emden |
| 2./3. Oktober | München |
| 3./4. Oktober | Kassel |
| 4. Oktober* | Frankfurt/M., Wiesbaden, Saarbrücken |
| 4./5. Oktober | Frankfurt/M. |
| | *529 Tote* |
| | Ludwigshafen |
| 7./8. Oktober | Stuttgart, Böblingen |
| 8. Oktober* | Bremen |

| | |
|---|---|
| 8./9. Oktober | Hannover |
| | *1.200 Tote* |
| | Bremen |
| 9. Oktober* | Anklam, Marienburg, Danzig |
| 10. Oktober* | Münster |
| | *473 Tote* |
| | *20.000 Ausgebombte* |
| | Coesfeld |
| 14. Oktober* | Schweinfurt |
| 18./19. Oktober | Hannover |
| 20. Oktober* | Düren |
| 20./21. Oktober | Leipzig |
| 22./23. Oktober | Kassel |
| | *7.000 Tote* |
| | *53.800 Ausgebombte* |
| 3. November* | Wilhelmshaven |
| 3./4. November | Düsseldorf |
| | *622 Tote* |
| | Köln |
| 5. November* | Gelsenkirchen, Münster |
| 11. November* | Münster |
| 13. November* | Bremen |
| 17./18. November | Ludwigshafen |
| 18./19. November | Berlin, Mannheim, |
| | Ludwigshafen |
| 19./20. November | Leverkusen |
| 22./23. November | Berlin |
| | *2.000 Tote* |
| | *175.000 Ausgebombte* |
| 23./24. November | Berlin |
| | *1.000 Tote* |
| | *100.000 Ausgebombte* |
| 25./26. November | Frankfurt/M. |
| 26. November* | Bremen |
| 26./27. November | Berlin, Stuttgart |
| 29. November* | Bremen |
| 30. November* | Solingen |
| 1. Dezember* | Leverkusen |
| 2./3. Dezember | Berlin |
| 3./4. Dezember | Leipzig |
| | *1.717 Tote* |
| | *114.000 Ausgebombte* |
| 11. Dezember* | Emden |
| 13. Dezember* | Kiel, Hamburg |
| 16. Dezember* | Bremen |
| 16./17. Dezember | Berlin |
| | *628 Tote* |
| | *30.063 Ausgebombte* |
| 20. Dezember* | Bremen |
| 20./21. Dezember | Frankfurt/M. |
| 23./24. Dezember | Berlin |
| 29./30. Dezember | Berlin |
| 30. Dezember* | Ludwigshafen |

| **1944** | |
|---|---|
| 1./2. Januar | Berlin |
| 2./3. Januar | Berlin |
| 4. Januar* | Kiel, Neuss, Düsseldorf |
| 5./6. Januar | Stettin |
| 7. Januar* | Ludwigshafen |
| 11. Januar* | Oschersleben, Halberstadt, |
| | Braunschweig, Osnabrück, |
| | Meppen |
| 14./15. Januar | Braunschweig |
| 20./21. Januar | Berlin |
| | *306 Tote* |
| | *20.938 Ausgebombte* |
| 21./22. Januar | Magdeburg |
| 24. Januar* | Eschweiler |
| 27./28. Januar | Berlin |
| | *426 Tote* |
| | *19.945 Ausgebombte* |
| 28./29. Januar | Berlin |
| | *531 Tote* |
| | *69.466 Ausgebombte* |
| 29. Januar* | Frankfurt/M. |
| | *903 Tote* |
| 30. Januar* | Braunschweig, Hannover |
| 30./31. Januar | Berlin |
| | *582 Tote* |
| | *82.980 Ausgebombte* |
| 3. Februar* | Wilhelmshaven |
| 4. Februar* | Frankfurt/M. |
| 8. Februar* | Frankfurt/M. |
| 10. Februar* | Braunschweig |
| 11. Februar* | Frankfurt/M. |
| 15./16. Februar | Berlin |
| | *320 Tote* |
| 19./20. Februar | Leipzig |
| | *817 Tote* |
| | *30.000 Ausgebombte* |
| 20. Februar* | Rostock, Leipzig, Gotha, |
| | Helmstedt |
| 20./21. Februar | Stuttgart |
| 21. Februar* | Diepholz, Verden, |
| | Braunschweig, Lingen, Rheine |
| 22. Februar* | Aschersleben, Bernburg, |
| | Halberstadt, Magdeburg |
| 24. Februar* | Rostock, Schweinfurt, Gotha |
| 24./25. Februar | Schweinfurt |
| 25. Februar* | Regensburg, Augsburg, Fürth |
| 25./26. Februar | Augsburg |
| | *720 Tote* |
| | *85.000 Ausgebombte* |
| 29. Februar* | Braunschweig |
| 1./2. März | Stuttgart |
| 2. März* | Frankfurt/M., Offenbach |
| 3. März* | Wilhelmshaven |
| 4. März* | Bonn, Köln |
| 6. März* | Berlin, Potsdam, Wittenberg |
| 8. März* | Berlin |
| 9. März* | Berlin, Hannover, Braunschweig, |
| | Nienburg/Weser |
| 10. März* | Münster |

| 15. März* | Braunschweig |
|---|---|
| 15./16. März | Stuttgart |
| 16. März* | Augsburg, Ulm, Friedrichshafen |
| 18. März* | Oberpfaffenhofen, Landsberg, München, Memmingen, Friedrichshafen |
| 18./19. März | Frankfurt/M. |
| | *421 Tote* |
| | *55.000 Ausgebombte* |
| 20. März* | Frankfurt/M., Mannheim, Bingen |
| 22./23. März | Frankfurt/M. |
| | *1.001 Tote* |
| | *120.000 Ausgebombte* |
| 23. März* | Braunschweig, Münster, Osnabrück |
| 24. März* | Schweinfurt, Frankfurt/M. |
| 24./25. März | Berlin |
| 26./27. März | Essen |
| | *550 Tote* |
| 29. März | Braunschweig |
| 30./31. März | Nürnberg, Schweinfurt |
| 1. April* | Pforzheim |
| 6./7. April | Hamburg |
| 8. April* | Braunschweig, Oldenburg, Rheine |
| 9. April* | Marienburg, Warnemünde, Parchim |
| 11. April* | Oschersleben, Bernburg, Sorau, Stettin, Rostock |
| 11./12. April | Aachen |
| | *1.525 Tote* |
| 13. April* | Schweinfurt, Lechfeld, Augsburg |
| 18. April* | Oranienburg, Perleberg, Wittenberge, Brandenburg, Rathenow |
| 19. April* | Kassel, Lippstadt, Werl, Paderborn, Gütersloh |
| 20./21. April | Köln |
| | *664 Tote* |
| | *20.000 Ausgebombte* |
| | Stettin |
| 22. April* | Hamm, Koblenz, Bonn |
| 22./23. April | Düsseldorf |
| | *1.200 Tote, 20.500 Ausgebombte* |
| | Braunschweig |
| 24. April* | Friedrichshafen |
| 24./25. April | München |
| | *136 Tote, 70.000 Ausgebombte* |
| | Karlsruhe |
| 26. April* | Braunschweig, Hildesheim |
| 26./27. April | Essen |
| | *313 Tote* |
| | Schweinfurt |
| 27./28. April | Friedrichshafen |
| 29. April* | Berlin |
| 7. Mai* | Berlin, Münster, Osnabrück |
| 8. Mai* | Berlin, Braunschweig |
| 11. Mai* | Saarbrücken, Völklingen |

| 12. Mai* | Merseburg, Zwickau, Chemnitz, Gera, Hof, Zeitz, Böhlen |
|---|---|
| 13. Mai* | Stettin, Stralsund, Tutow, Osnabrück |
| 19. Mai* | Berlin, Braunschweig |
| 20./21. Mai | Düsseldorf |
| 21./22. Mai | Duisburg |
| 22. Mai* | Kiel |
| 22./23. Mai | Dortmund |
| | *361 Tote* |
| | Braunschweig |
| 24. Mai* | Berlin |
| 24./25. Mai | Aachen |
| 27. Mai* | Ludwigshafen, Mannheim, Karlsruhe, Saarbrücken, Neunkirchen |
| 27./28. Mai | Aachen |
| 28. Mai* | Dessau, Zwickau, Meißen, Leipzig, Magdeburg |
| 29. Mai* | Pölitz, Tutow, Leipzig, Schneidemühl, Posen, Sorau, Cottbus |
| 30. Mai* | Dessau, Halberstadt, Oldenburg, Rotenburg/Wümme, Bad Zwischenahn |
| 31. Mai* | Osnabrück, Schwerte, Gütersloh |
| 12./13. Juni | Gelsenkirchen |
| | *293 Tote* |
| 18. Juni* | Hamburg, Bremerhaven, Hannover, Bremen, Stade, Brunsbüttel |
| 20. Juni* | Magdeburg, Fallersleben, Hamburg, Pölitz |
| 21. Juni* | Ruhland, Berlin |
| 29. Juni* | Böhlen, Leipzig, Wittenberg, Bernburg, Magdeburg |
| 7. Juli* | Merseburg, Leipzig |
| 11./13./16. Juli* | München |
| | *1.471 Tote* |
| | *200.000 Ausgebombte* |
| 13. Juli* | Saarbrücken |
| 16. Juli* | Stuttgart, Augsburg, Saarbrücken |
| 18. Juli* | Kiel, Cuxhaven, Peenemünde |
| 18./19. Juli | Wesseling |
| 19. Juli* | Augsburg, Kempten, Böblingen, Schweinfurt, Saarbrücken, Koblenz |
| 20. Juli* | Dessau, Merseburg, Leipzig, Erfurt, Schmalkalden, Gotha |
| 21. Juli* | München, Saarbrücken, Regensburg, Schweinfurt |
| 23./24. Juli | Kiel |
| | *315 Tote* |
| | *20.000 Ausgebombte* |
| 24./25. Juli | Stuttgart |
| 25./26. Juli | Stuttgart, Wanne-Eickel |
| 28./29. Juli | Hamburg |
| | *265 Tote* |
| | Stuttgart |

| | |
|---|---|
| 29. Juli* | Merseburg, Bremen |
| 31. Juli* | München, Ludwigshafen |
| 4. August* | Hamburg, Bremen, Peenemünde, Anklam, Kiel, Wismar, Rostock, Schwerin |
| 5. August* | Magdeburg, Halberstadt, Braunschweig, Hannover |
| 6. August* | Brandenburg, Berlin, Hamburg |
| 9. August* | Ulm, Pirmasens, Karlsruhe, Saarbrücken |
| 12./13. August | Braunschweig, Rüsselsheim |
| 14. August* | Mannheim, Ludwigshafen |
| 15. August* | Wiesbaden, Frankfurt, Köln |
| 16. August* | Delitzsch, Schkeuditz, Halle/S., Zeitz, Rositz, Dessau, Köthen, Magdeburg |
| 16./17. August | Stettin *1.117 Tote* |
| 16./17. August | Kiel |
| 18./19. August | Bremen *1.300 Tote* *30.000 Ausgebombte* |
| 23./24. August | Köln |
| 24. August* | Braunschweig, Weimar, Merseburg |
| 25. August* | Rostock, Schwerin, Wismar, Rechlin, Pölitz, Peenemünde, Anklam, Neubrandenburg |
| 25./26. August | Rüsselsheim, Darmstadt |
| 26. August* | Gelsenkirchen |
| 26./27. August | Kiel, Königsberg |
| 29./30. August | Königsberg *500 Tote* Stettin *1.033 Tote* |
| 30. August* | Kiel, Bremen |
| 3. September* | Ludwigshafen |
| 5. September* | Stuttgart, Karlsruhe |
| 6. September* | Emden |
| 8. September* | Ludwigshafen, Kassel, Karlsruhe |
| 9. September* | Mannheim, Mainz, Düsseldorf |
| 9./10. September | Mönchengladbach |
| 10. September* | Ulm, Heilbronn, Nürnberg, Fürth, Gaggenau, Sindelfingen, Zuffenhausen |
| 11. September* | Fulda, Merseburg, Eisenach, Magdeburg |
| 11./12. September | Darmstadt *10.550 Tote* *49.000 Ausgebombte* |
| 12. September | Münster, Magdeburg* |
| 12./13. September | Frankfurt/M. *957 Tote* *50.000 Ausgebombte* Stuttgart *469 Tote* |

| | |
|---|---|
| 13. September | Osnabrück, Gelsenkirchen Stuttgart*, Schwäbisch Hall*, Ulm*, Merseburg* |
| 14. September | Wilhelmshaven |
| 15./16. September | Kiel |
| 18./19. September | Bremerhaven *618 Tote* *30.000 Ausgebombte* |
| 19. September* | Koblenz, Limburg, Hamm, Dortmund, Unna |
| 19./20. September | Mönchengladbach, Rheydt |
| 21. September* | Ludwigshafen, Mainz, Koblenz |
| 22. September* | Kassel |
| 23./24. September | Neuss, Dortmund, Münster |
| 25. September* | Ludwigshafen, Frankfurt, Koblenz |
| 26. September* | Osnabrück, Hamm, Bremen |
| 26./27. September | Karlsruhe |
| 27. September* | Köln, Ludwigshafen, Kassel |
| 27./28. September | Kaiserslautern *144 Tote* *30.000 Ausgebombte* |
| 28. September* | Magdeburg, Merseburg, Kassel |
| 30. September* | Bielefeld, Münster, Hamm |
| 30. September | Bottrop |
| 2. Oktober* | Kassel, Köln, Hamm |
| 3. Oktober* | Nürnberg, Gaggenau |
| 5. Oktober | Wilhelmshaven Köln*, Lippstadt*, Münster* |
| 5./6. Oktober | Saarbrücken *344 Tote* *25.000 Ausgebombte* |
| 6. Oktober* | Stargard, Neubrandenburg, Stralsund, Hamburg |
| 6./7. Oktober | Dortmund *258 Tote* *100.000 Ausgebombte* Bremen *65 Tote* *37.700 Ausgebombte* |
| 7. Oktober | Emmerich *641 Tote* Kleve, Zwickau*, Merseburg*, Kassel*, Clausthal* |
| 9. Oktober | Bochum, Schweinfurt*, Mainz*, Koblenz* |
| 12. Oktober | Wanne-Eickel, Osnabrück* |
| 14. Oktober | Duisburg |
| 14./15. Oktober | Braunschweig *561 Tote* *80.000 Ausgebombte* Duisburg *2.541 Tote* |
| 15./16. Oktober | Wilhelmshaven |
| 16./17. Oktober | Köln |

| | |
|---|---|
| 18. Oktober | Bonn |
| | *313 Tote* |
| | *20.000 Ausgebombte* |
| 19./20. Oktober | Stuttgart |
| | *338 Tote* |
| | Nürnberg, Karlsruhe |
| 21./22. Oktober | Hannover |
| 22. Oktober | Neuss, |
| | Braunschweig*, Hannover*, |
| | Hamm*, Münster* |
| 23./24. Oktober | Essen |
| | *662 Tote* |
| 25. Oktober | Essen |
| | *820 Tote* |
| | Homberg, |
| | Neumünster* |
| 26. Oktober | Leverkusen, |
| | Bielefeld*, Münster*, |
| | Hannover* |
| 28. Oktober | Köln |
| | *630 Tote* |
| | *20.000 Ausgebombte* |
| | Münster*, Hamm* |
| 30. Oktober* | Hamm, Münster |
| 30./31. Oktober | Köln |
| | *550 Tote* |
| 31. Okt./1. Nov. | Köln |
| 1. November* | Gelsenkirchen |
| 1./2. November | Oberhausen |
| 2. November* | Merseburg, Bielefeld, |
| | Castrop-Rauxel |
| 2./3. November | Düsseldorf |
| | *748 Tote* |
| | *15.000 Ausgebombte* |
| 4. November* | Neunkirchen, Saarbrücken, |
| | Hannover, Hamburg, |
| | Gelsenkirchen |
| 4./5. November | Bochum |
| | *984 Tote* |
| | *10.000 Ausgebombte* |
| 5. November | Solingen |
| | *1.882 Tote* |
| | *20.000 Ausgebombte* |
| | Frankfurt/M.*, Ludwigshafen*, |
| | Karlsruhe* |
| 6. November | Gelsenkirchen |
| | *518 Tote* |
| | Hamburg, Minden, Bottrop, |
| | Neumünster* |
| 6./7. November | Koblenz |
| | *104 Tote* |
| | *25.000 Ausgebombte* |
| | Merseburg |
| 8. November | Merseburg, Homberg |
| 9. November | Wanne-Eickel |
| 10. November* | Saarbrücken, Hanau, |
| | Wiesbaden, Köln |
| 11. November* | Oberlahnstein, Gelsenkirchen, |
| | Bottrop |

| | |
|---|---|
| 11. November | Castrop-Rauxel |
| 11./12. November | Harburg, Dortmund |
| 16. November* | Düren |
| | *2.900 Tote* |
| | Eschweiler |
| 18. November | Münster |
| 18./19. November | Wanne-Eickel |
| 20./21. November | Koblenz |
| 21. November* | Merseburg, Gießen, Wetzlar, |
| | Osnabrück, Hamburg |
| 21./22. November | Aschaffenburg |
| | *344 Tote* |
| | Castrop-Rauxel |
| 23. November | Gelsenkirchen |
| 25. November* | Merseburg, Bingen |
| 26. November | Fulda, |
| | Bielefeld*, Hamm*, Misburg* |
| 26./27. November | München |
| 27. November* | Bingen, Offenburg |
| 27./28. November | Freiburg i. Br. |
| | *2.700 Tote* |
| | *40.000 Ausgebombte* |
| | Neuss |
| 28./29. November | Essen, Neuss |
| 29. November | Dortmund, Duisburg |
| 30. November* | Zeitz, Merseburg, Neunkirchen, |
| | Homburg |
| 30. Nov./1. Dez. | Duisburg |
| 2. Dezember* | Bingen |
| 2./3. Dezember | Hagen |
| | *583 Tote* |
| | *20.000 Ausgebombte* |
| 4. Dezember | Oberhausen, |
| | Kassel*, Mainz* |
| 4./5. Dezember | Karlsruhe |
| | *357 Tote* |
| | *20.000 Ausgebombte* |
| | Heilbronn |
| | *7.000 Tote* |
| | *50.000 Ausgebombte* |
| 5. Dezember* | Berlin, Münster |
| 5. Dezember | Hamm |
| | *1.000 Tote* |
| | *20.000 Ausgebombte* |
| 5./6. Dezember | Soest |
| 6. Dezember* | Merseburg, Bielefeld |
| 6./7. Dezember | Gießen |
| | *813 Tote* |
| | *30.000 Ausgebombte* |
| | Osnabrück |
| 9. Dezember* | Stuttgart |
| 10. Dezember* | Bingen, Koblenz |
| 11. Dezember* | Frankfurt/M., Mannheim, |
| | Hanau, Gießen |
| 12. Dezember | Witten |
| | *409 Tote* |
| | *20.000 Ausgebombte* |
| | Merseburg*, Hanau*, |
| | Darmstadt* |
| 12./13. Dezember | Essen |

| | |
|---|---|
| 15. Dezember* | Kassel, Hannover |
| 15./16. Dezember | Ludwigshafen |
| 16. Dezember | Siegen |
| | *348 Tote* |
| 17./18. Dezember | Ulm |
| | *606 Tote* |
| | *50.000 Ausgebombte* |
| | Duisburg, München |
| 18. Dezember* | Mainz, Koblenz, Kaiserslautern |
| 19. Dezember | Trier |
| 21. Dezember | Trier |
| 21./22. Dezember | Köln, Pölitz, Bonn |
| 22./23. Dezember | Bingen, Koblenz |
| 24. Dezember* | Babenhausen, Groß Ostheim, Zellhausen, Biblis, Darmstadt, Frankfurt/M., Merzhausen |
| 27. Dezember* | Fulda |
| 27./28. Dezember | Opladen |
| 28. Dezember* | Kaiserslautern, Koblenz |
| 28./29. Dezember | Bonn |
| | *486 Tote* |
| | Mönchengladbach |
| 29. Dezember | Koblenz |
| 30./31. Dezember | Köln |
| 31. Dezember* | Hamburg, Neuss, Krefeld, Mönchengladbach, Remagen, Koblenz |
| 31. Dezember | Vohwinkel |

| **1945** | |
|---|---|
| 1. Januar* | Kassel, Göttingen, Koblenz, Andernach |
| 2. Januar* | Gerolstein, Mayen, Daun, Bitburg, Koblenz, Bad Kreuznach, Kaiserslautern, Lebach |
| 2./3. Januar | Nürnberg |
| | *1.794 Tote* |
| | *100.000 Ausgebombte* |
| | Ludwigshafen |
| 3. Januar* | Fulda, Aschaffenburg, Gemünd, Schleiden, Koblenz, Pforzheim, Homburg, Zweibrücken, Neunkirchen, Landau, Pirmasens, St. Vith, Köln |
| 5. Januar* | Neustadt/W., Sobernheim, Pirmasens, Hanau, Neunkirchen, Frankfurt/M., Kaiserslautern, Heilbronn, Niederbreisig, Niedermendig, Koblenz |
| 5. Januar | Ludwigshafen |
| 5./6. Januar | Hannover |
| 6. Januar* | Worms, Kaiserslautern, Ludwigshafen, Köln, Bonn, Koblenz |
| 6./7. Januar | Hanau |
| | *90 Tote* |
| | *20.000 Ausgebombte* |
| 7. Januar* | Hamm, Paderborn, Bielefeld, Köln, Landau, Kaiserslautern, Zweibrücken, Rastatt |
| 7./8. Januar | München |
| | *505 Tote* |
| | *70.000 Ausgebombte* |
| 8. Januar* | Speyer, Frankfurt/M. |
| 10. Januar* | Köln, Düsseldorf, Bonn, Euskirchen |
| 11. Januar | Krefeld |
| 13. Januar* | Mainz, Worms, Kaiserslautern, Rüdesheim, Germersheim, Mannheim |
| 14. Januar* | Derben, Magdeburg, Köln |
| 15. Januar* | Ingolstadt, Freiburg/Br., Reutlingen, Augsburg |
| 16./17. Januar | Magdeburg |
| | *16.000 Tote* |
| | *190.000 Ausgebombte* |
| | Zeitz |
| 17. Januar* | Hamburg, Paderborn |
| 18. Januar* | Kaiserslautern |
| 20. Januar* | Rheine, Heilbronn, Mannheim |
| 21. Januar* | Aschaffenburg, Mannheim, Heilbronn |
| 22./23. Januar | Duisburg |
| 23. Januar* | Neuss |
| 28. Januar* | Köln, Duisburg |
| 28./29. Januar | Stuttgart |

| Datum | Orte |
|---|---|
| 29. Januar* | Siegen, Koblenz, Bad Kreuznach, Kassel, Bielefeld, Hamm, Münster |
| 1. Februar* | Mannheim, Ludwigshafen, Wesel |
| 1./2. Februar | Mainz, Ludwigshafen, Siegen |
| 2./3. Februar | Wiesbaden *1.000 Tote* *20.000 Ausgebombte* Wanne-Eickel, Karlsruhe |
| 3. Februar* | Berlin *2.541 Tote* *119.057 Ausgebombte* Magdeburg |
| 3./4. Februar | Bottrop, Dortmund |
| 6. Februar* | Chemnitz, Gotha, Gießen, Magdeburg |
| 9. Februar* | Magdeburg, Weimar, Gießen, Fulda, Bielefeld, Paderborn, Dülmen |
| 13./14. Februar | Dresden *über 30.000 Tote* *250.000 Ausgebombte* Böhlen |
| 14. Februar* | Dresden, Chemnitz, Bamberg, Magdeburg, Wesel, Dülmen |
| 14./15. Februar | Chemnitz |
| 15. Februar* | Cottbus, Dresden, Magdeburg, Rheine |
| 16. Februar* | Hamm, Dortmund, Münster, Osnabrück, Rheine, Wesel |
| 16./17. Februar | Wesel *562 Tote* |
| 17. Februar* | Frankfurt/M., Gießen |
| 19. Februar* | Osnabrück, Meschede, Siegen, Dortmund, Bochum, Gelsenkirchen, Münster, Rheine, Wesel |
| 20. Februar* | Nürnberg |
| 20./21. Februar | Dortmund, Düsseldorf |
| 21. Februar* | Nürnberg *1.356 Tote* *69.385 Ausgebombte* |
| 21./22. Februar | Worms *239 Tote* *35.000 Ausgebombte* |
| 22. Februar* | Bamberg, Ansbach, Ulm, Halberstadt, Nordhausen, Peine, Hildesheim, Wittenberg, Stendal, Uelzen, Ludwigslust |
| 23. Februar* | Treuchtlingen, Crailsheim, Plauen, Meiningen, Kitzingen, Weimar, Gera, Osnabrück, Paderborn |
| 23. Februar | Essen *1.555 Tote* Gelsenkirchen |
| 23./24. Februar | Pforzheim *bis zu 20.000 Tote* *50.000 Ausgebombte* |
| 24. Februar | Kamen |
| 24. Februar* | Hamburg, Lehrte, Bielefeld, Bremen, Wesel |
| 25. Februar* | Friedrichshafen, München, Ulm, Aschaffenburg, Schwäbisch Hall |
| 26. Februar* | Berlin *636 Tote* *71.283 Ausgebombte* |
| 27. Februar* | Leipzig *677 Tote* Halle |
| 27. Februar | Mainz |
| 28. Februar* | Soest, Hagen, Siegen, Meschede, Arnsberg, Bielefeld, Kassel |
| 1. März | Mannheim |
| 1. März* | Bruchsal *1.000 Tote* *30.000 Ausgebombte* Reutlingen, Neckarsulm, Ulm Heilbronn, Ingolstadt, Augsburg |
| 2. März* | Chemnitz, Magdeburg |
| 2. März | Köln *500 Tote* |
| 3. März* | Hannover, Chemnitz, Bielefeld, Herford, Magdeburg, Braunschweig |
| 3./4. März | Kamen, Dortmund |
| 4. März* | Ulm, Ingolstadt |
| 5. März* | Chemnitz, Hamburg |
| 5./6. März | Chemnitz |
| 7. März* | Soest, Bielefeld, Dortmund, Siegen, Gießen, Datteln |
| 7./8. März | Dessau *600 Tote* *20.000 Ausgebombte* Harburg *422 Tote* |
| 8. März* | Siegen, Dortmund, Gießen, Essen, Hüls |
| 8./9. März | Hamburg |
| 9. März* | Frankfurt/M., Kassel, Münster, Rheine, Osnabrück |
| 10. März* | Arnsberg, Paderborn, Bielefeld, Soest, Dortmund, Schwerte |
| 11. März | Essen *897 Tote* |
| 11. März* | Kiel, Hamburg, Bremen |
| 12. März | Dortmund *895 Tote* |
| 12. März* | Swinemünde *bis zu 23.000 Tote* Wetzlar, Friedberg, Marburg, Siegen, Betzdorf, Dillenburg |
| 13. März | Wuppertal *562 Tote* |
| 14. März* | Hannover, Hildesheim, Gütersloh, Gießen |
| 15. März* | Zossen, Oranienburg |

| | |
|---|---|
| 15./16. März | Hagen |
| | *505 Tote* |
| | *32.500 Ausgebombte* |
| 16./17. März | Nürnberg |
| | *517 Tote* |
| | *35.000 Ausgebombte* |
| | Würzburg |
| 17. März* | Ruhland, Bitterfeld, Plauen, Böhlen, Mölbis, Jena, Erfurt, Münster, Hannover |
| 18. März* | Berlin |
| | *336 Tote* |
| | *79.785 Ausgebombte* |
| 18./19. März | Witten |
| | *500 Tote* |
| | *20.000 Ausgebombte* |
| | Hanau |
| | *2.000 Tote* |
| | *30.000 Ausgebombte* |
| 19. März* | Zwickau, Jena, Plauen, Neuburg, Leipheim, Bäumenheim |
| 20. März* | Hamburg |
| 22. März | Hildesheim |
| | *1.645 Tote* |
| | *40.000 Ausgebombte* |
| 23./24 März | Wesel |
| 24. März | Gladbeck |
| | *3.095 Tote* |
| | *40.000 Ausgebombte* |
| 25. März | Osnabrück |
| | *143 Tote* |
| | *20.000 Ausgebombte* |
| | Hannover, Münster |
| 27. März | Paderborn |
| | *330 Tote* |
| | *30.000 Ausgebombte* |
| 31. März | Hamburg |
| 3. April* | Kiel |
| | *624 Tote* |
| 3./4. April | Nordhausen |
| | *8.800 Tote* |
| | *20.000 Ausgebombte* |
| 4./5. April | Leuna, Harburg, Lützkendorf |
| 6. April* | Leipzig |
| | *733 Tote* |
| 8. April* | Halberstadt |
| | *1.866 Tote* |
| | *25.000 Ausgebombte* |
| 8./9. April | Hamburg |
| 9./10. April | Kiel |
| 10. April | Leipzig |
| 10./11. April | Plauen |
| | *20.000 Ausgebombte* |
| 11. April | Bayreuth, Nürnberg |
| 13./14. April | Kiel |
| 14./15. April | Potsdam |
| | *5.000 Tote* |
| | *40.000 Ausgebombte* |
| | Zerbst |

| | |
|---|---|
| 18. April | Helgoland |
| 20. April | Regensburg |
| 20./21. April | Berlin |
| 21./22. April | Kiel |
| 22. April | Bremen |
| 24. April | Bad Oldesloe |
| | *700 Tote* |
| 25. April | Wangerooge, Berchtesgaden |
| 2./3. Mai | Kiel |

**Hamburger Fremdenblatt Sonnabend, 11. September 1943**

# „Operation Gomorrha"
# 25. Juli – 3. August 1943
# Zeittafel der Luftangriffe

Die nebenstehende Tabelle vermittelt einen Überblick über die Anzahl der Alarme, die in Hamburg in der Zeit vom 25. Juli bis 3. August 1943 gegeben wurden. Nicht jeder Luftalarm bedeutete auch einen Angriff auf die Stadt. Alarm wurde dann gegeben, wenn die Luftraumüberwachung den Anflug feindlicher Bomber meldete. Es kam durchaus vor, daß die Bomber der Engländer und Amerikaner eine andere Stadt in der Nähe bombardierten, von der deutschen Luftabwehr am Angriff gehindert wurden oder daß die veränderte Wettersituation (Nebel, Gewitter, Sturm ...) eine Orientierung auf das Ziel nicht zuließ.

Die Angaben „Luftgefahr 15, 20 oder 30" geben die Minutenzahlen an, innerhalb derer ein Luftangriff zu erwarten ist, ermittelt aufgrund von Daten der Luftraumüberwachung.

Die Angaben sind entnommen aus: Ursula Büttner: „Gomorrha": Hamburg im Bombenkrieg; die Wirkung der Luftangriffe auf Bevölkerung und Wirtschaft, Landeszentrale für Politische Bildung, Hamburg, 1993

**Sonntag, 25. Juli 1943:**
00.19 Luftgefahr 30
00.24 Luftgefahr 15

**1. Angriff:**
*00.33 Fliegeralarm: 2 Stunden 25 Min.*
03.01 Luftgefahr vorbei und Entwarnung

**2. Angriff :**
*14.40 Fliegeralarm: 2 Stunden 42 Min.*
16.20 Wiederholung des Fliegeralarms
17.22 Luftgefahr vorbei und Entwarnung
18.00 Luftgefahr 20
18.02 Luftgefahr vorbei
18.38 Öffentliche Luftwarnung
19.10 Entwarnung
19.32 Luftgefahr vorbei
23.38 Luftgefahr 30

**Montag, 26. Juli 1943:**
00.14 Luftgefahr 15
00.35 Fliegeralarm
00.55 Luftgefahr vorbei und Entwarnung
10.15 Luftgefahr 30

**3. Angriff:**
*10.38 Fliegeralarm: 2 Stunden 12 Min.*
11.32 Wiederholung des Fliegeralarms
12.50 Luftgefahr vorbei und Entwarnung
13.13 Öffentliche Luftwarnung
13.31 Luftgefahr vorbei und Entwarnung
13.45 Öffentliche Luftwarnung
13.55 Luftgefahr vorbei und Entwarnung
15.38 Luftgefahr 30
15.50 Luftgefahr vorbei
19.35 Öffentliche Luftwarnung
20.06 Luftgefahr vorbei und Entwarnung

**Dienstag, 27. Juli 1943:**
00.14 Luftgefahr 20
00.17 Luftgefahr 15
00.20 Fliegeralarm: 42 Minuten
01.02 Luftgefahr vorbei und Entwarnung
10.10 Luftgefahr 30
10.34 Luftgefahr vorbei
11.30 Luftgefahr 30
11.35 Luftgefahr 15
11.45 Öffentliche Luftwarnung
12.31 Luftgefahr vorbei und Entwarnung
13.00 Luftgefahr 15
13.07 Öffentliche Luftwarnung
13.14 Luftgefahr vorbei und Entwarnung
14.59 Öffentliche Luftwarnung
15.06 Luftgefahr vorbei und Entwarnung
19.19 Luftgefahr 30
19.26 Luftgefahr 15
19.30 Öffentliche Luftwarnung
20.02 Luftgefahr vorbei und Entwarnung
23.38 Luftgefahr 30

**4. Angriff:**
*23.40 Fliegeralarm: 3 Stunden*

**Mittwoch, 28. Juli 1943:**
02.40 Luftgefahr vorbei und Entwarnung
08.35 Luftgefahr 30
08.46 Luftgefahr 15
08.49 Fliegeralarm
10.45 Luftgefahr vorbei
11.27 Entwarnung
14.42 Luftgefahr 30
14.45 Luftgefahr vorbei

**Donnerstag, 29. Juli 1943:**
00.11 Luftgefahr 15
00.15 Fliegeralarm
01.03 Luftgefahr vorbei und Entwarnung
04.12 Luftgefahr 15
04.27 Luftgefahr vorbei
08.23 Luftgefahr 30
08.27 Luftgefahr 15
08.32 Fliegeralarm
09.59 Luftgefahr vorbei und Entwarnung
16.55 Luftgefahr 15
17.03 Öffentliche Luftwarnung
17.13 Fliegeralarm
17.33 Luftgefahr vorbei und Entwarnung
17.45 Luftgefahr 15
18.01 Luftgefahr vorbei
19.24 Luftgefahr 15
20.17 Öffentliche Luftwarnung
20.25 Luftgefahr vorbei und Entwarnung
23.47 Luftgefahr 30
23.55 Luftgefahr 15

**5. Angriff:**
*23.58 Fliegeralarm: 2 Stunden 17 Min.*

**Freitag, 30. Juli 1943:**
02.15 Luftgefahr vorbei und Entwarnung
09.45 Luftgefahr 30
09.59 Luftgefahr vorbei
12.13 Luftgefahr 15
12.49 Luftgefahr vorbei

**Sonnabend, 31. Juli 1943:**
12.25 Luftgefahr 20
13.06 Luftgefahr vorbei
19.37 Luftgefahr 30
19.40 Luftgefahr vorbei

**Sonntag, 1. August 1943:**
11.47 Luftgefahr 20
12.01 Luftgefahr 15
12.26 Luftgefahr vorbei

**Dienstag, 3. August 1943:**
00.11 Luftgefahr 30
00.23 Luftgefahr 30

**6. Angriff:**
*00.59 Fliegeralarm: 2 Stunden 31 Min.*
03.30 Luftgefahr vorbei und Entwarnung

## Autor/Bildnachweis/Impressum

### Der Autor

*Christoph Kucklick*, Jahrgang 1963, hat Soziologie, Politikwissenschaft und Internationale Beziehungen in Hamburg und Washington, D.C., studiert und arbeitet, nach Jahren als freier Journalist, seit 1999 als Redakteur des Magazins GEO. Zuletzt hat er einen Reportageband über eine mehrmonatige Südamerika-Reise veröffentlicht, „Das Schweigen am Silberfluß".

### Bibliographische Information der Deutschen Bibliothek

Die Deutsche Bibliothek verzeichnet diese Publikation in der Deutschen Nationalbibliographie; detaillierte bibliographische Daten sind im Internet über <http://dnb.ddb.de> abrufbar.

ISBN 3-8319-0134-1

© Ellert & Richter Verlag GmbH, Hamburg 2003

Ein Buch der Partner
G + J Redaktion GEO
Ellert & Richter Verlag

Text und Bildlegenden:
Christoph Kucklick, Hamburg
Redaktion Anhang:
Annette Krüger und Dorit Lehmann, Hamburg
Gestaltung:
Büro Brückner + Partner, Bremen
Lithographie:
Lithographische Werkstätten Kiel
J & A Ratjen, Kiel
Druck:
Tutte Druckerei GmbH, Salzweg
Bindung:
Buchbinderei S. R. Büge GmbH, Celle

### Bildnachweis

Die Fotos wurden uns freundlicherweise vom Landesbildarchiv Hamburg zur Verfügung gestellt. Der Verlag dankt Beate Christians, Maria Nitschke, Uwe Kiemer und Joachim Paschen für die Mitarbeit und Beratung. Darüber hinaus stellten uns folgende Agenturen, Fotografen und Institutionen Abbildungsmaterial zur Verfügung:

akg-images, Berlin: S. 46 li., 56 re., 58/59
AP-Bildarchiv, Frankfurt/M.: S. 45
Axel-Springer-Verlag, Hamburg: S. 149
bildarchiv preussischer kulturbesitz bpk, Berlin: S. 9 o., 12 re. (Hubmann), 14 o., 14 u., 20 li., 20 re., 21 li., 21 re., 22, 26 li., 27 li. (Brunswig), 27 re., 28 Mitte, 31 li., 31 re., 33 (Peters), 34 li. (Hahn), 34 re., 35 (Hubmann), 38 li., 38 re., 40, 42 (Grimm), 46/47, 52, 54, 55 (Hubmann), 60 li. (Hubmann), 60 re. (Hubmann), 70 re., 71 u.
BMW Historisches Archiv, München: S. 19 o.
dpa Bilderdienste, Frankfurt/M.: S. 44
Getty Images, München: S. 16 re. (Jaeger), 18 re. (Jaeger)
Interfoto Pressebild Agentur, München: S. 17, 63 re., 65
Imperial War Museum, London: S. 19 u., 28 re., 63 li., 69 re., 70 li.
Institut für Stadtgeschichte Frankfurt/M.: S. 56 li. (Göllner)
Kabel Verlag, Hamburg: S. 11 li.
Keystone Pressedienst, Hamburg: S. 41
Staatsarchiv Hamburg (Fotos: Urs Kluyver): S. 64 re., 71 o., 82
Stadtarchiv Mönchengladbach: S. 18 li.
Stadtarchiv Würzburg: S. 9 u.
Stadtteilarchiv Hamm, Hamburg: S. 67 li., 68 li., 86 li.
Wolf Strache, Stuttgart: S. 50
Studio Schmidt-Luchs, Hamburg: S. 67 re., 121, 123
Süddeutscher Verlag Bilderdienst, München: Titel, S. 16 li., 26 re., 53, 57
Ullstein Bilderdienst, Berlin: S. 43, 51, 61

sowie aus:

Olaf Groehler, Geschichte des Luftkriegs (1975): S. 14 li., 69 li.
Olaf Groehler, Bombenkrieg gegen Deutschland (1990): S. 29
Uta Hohn, Die Zerstörung deutscher Städte im Zweiten Weltkrieg (1991): S. 12 li.
Richard Overy, Bomber Command 1939-1945 (1997): S. 64 li.
David Wragg, Bombers from the First World War to Kosovo (1999): S. 28 li.

Die Zeichnung auf S. 76 stellte uns freundlicherweise Reinhard Schulz-Schaeffer, Magazin GEO, zur Verfügung.